쓱싹 시리즈 ③

쓱 하고
싹 배우는

엑셀 2013

저자 최옥주

YoungJin.com Y.
영진닷컴

쓱 하고 싹 배우는
엑셀 2013

1016, 10F. Worldmerdian Venture Center 2nd, 123, Gasan-digital 2-ro, Geumcheon-gu, Seoul 08505, Korea.

All rights reserved. First published by Youngjin.com. in 2019. Printed in Korea

저작권법에 의해 한국 내에서 보호를 받는 저작물이므로 무단 전재와 복제를 금합니다.

ISBN 978-89-314-6147-3

독자님의 의견을 받습니다

이 책을 구입한 독자님은 영진닷컴의 가장 중요한 비평가이자 조언가입니다. 저희 책의 장점과 문제점이 무엇인지, 어떤 책이 출판되기를 바라는지, 책을 더욱 알차게 꾸밀 수 있는 아이디어가 있으면 이메일, 또는 우편으로 연락주시기 바랍니다. 의견을 주실 때에는 책 제목 및 독자님의 성함과 연락처(전화번호나 이메일)를 꼭 남겨 주시기 바랍니다. 독자님의 의견에 대해 바로 답변을 드리고, 또 독자님의 의견을 다음 책에 충분히 반영하도록 늘 노력하겠습니다.

이메일 : support@youngjin.com

주 소 : 서울 금천구 가산디지털2로 123 월드메르디앙벤처센터 2차 10층 1016호 (우)08505

등 록 : 2007. 4. 27. 제16-4189호

STAFF

저자 최옥주 | **기획** 기획 1팀 | **총괄** 김태경 | **진행** 김민경 | **디자인** 박지은 | **편집** 박지은

영업 박준용, 임용수 | **마케팅** 이승희, 김근주, 조민영, 김예진, 이은정 | **제작** 황장협 | **인쇄** SJ P&B

이 책은요!

엑셀을 사용해 문서를 다양하게 만들어 보세요.

① POINT

챕터에서 배우게 될 내용을 간략하게 소개해요.

② 완성 화면 미리 보기

챕터에서 배우게 되는 예제의 완성된 모습을 미리 만나요.

③ 여기서 배워요!

어떤 내용을 배울지 간략하게 살펴봐요. 배울 내용을 미리 알아 두면 훨씬 쉽고 재미있게 배울 수 있어요.

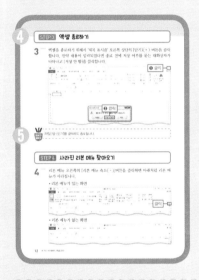

④ STEP

예제를 하나하나 따라 하면서 본격적으로 기능들을 익혀 봐요.

⑤ 조금 더 배우기

본문에서 설명하지 않은 내용 중 중요하거나 알아 두면 좋을 내용들을 알 수 있어요.

⑥ 혼자서도 만들 수 있어요!

챕터에서 배운 내용을 연습하면서 한 번 더 기능을 숙지 해 봐요.

⑦ HINT

문제를 풀 때 참고할 내용을 담았어요.

이 책의 목차

CHAPTER 01

엑셀에 대해서 알아보기

엑셀은 마이크로소프트 회사가 개발한 계산과 데이터 관리 프로그램으로
전 세계적으로 널리 사용되고 있습니다. 또한 기업, 소규모 사무실, 학교, 가정 등에서 사
용할 수 있을 만큼 그 활용도가 뛰어납니다.
여기서는 이러한 엑셀에 대해서 알아보도록 하겠습니다.

완성 화면
미리 보기

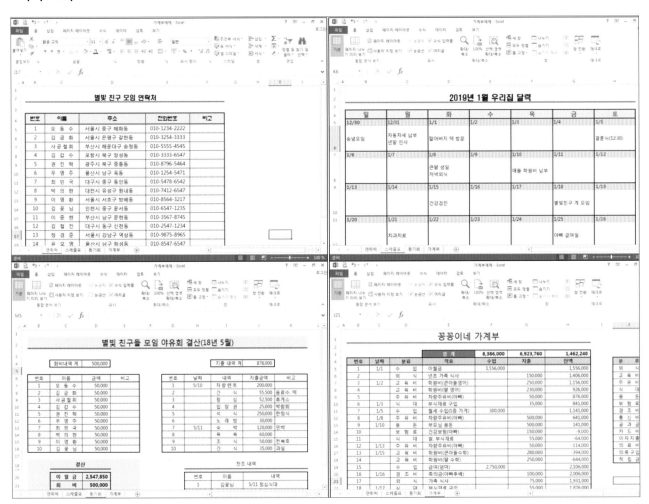

여기서 배워요!   엑셀은 무엇인가?, 엑셀로 작성할 수 있는 생활 문서, 통합 문서와 시트의 차이점

엑셀은 무엇인가요?

1 ····· 엑셀은 아래와 같은 다양한 기능을 제공하기 때문에 업무 용뿐만 아니라 생활 속에서도 쉽게 사용힐 수 있습니다.

- 양식을 만들 수 있는 서식 기능
- 데이터를 계산할 수 있는 수식과 함수를 제공
- 데이터를 시각화하는 차트 기능
- 데이터 관리를 쉽게 관리할 수 있도록 해 주는 데이터베이스 기능
- 반복된 명령을 기록할 수 있는 매크로 기능

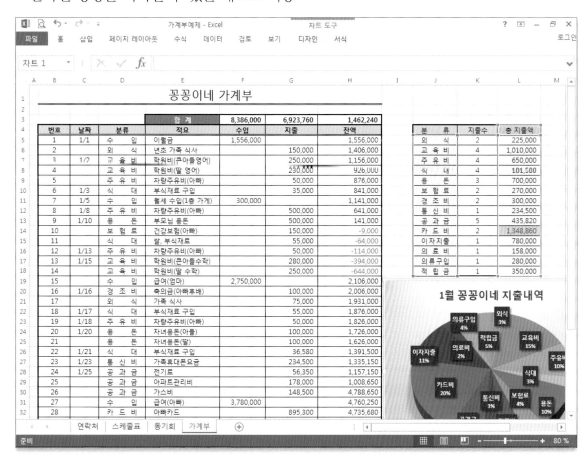

STEP 2 **엑셀로 작성할 수 있는 생활 문서는 무엇인가요?**

2 ····· 엑셀은 표에 관련된 서식과 계산을 쉽게 해 주는 프로그램입니다. 따라서 이 책에서는 생활 속 예제인 동창회 주소록, 동창회 야유회 결산자료, 월별 스케 줄표, 가계부 외 자료들을 가지고 엑셀에 대해서 배워 보도록 하겠습니다.

3 ····· 엑셀은 하나하나의 문서(sheet)가 모여서 하나의 파일로 저장이 됩니다. 이때 하나의 문서를 시트(Sheet)라고 하며 시트를 모아서 하나의 파일로 저장되는 문서를 통합 문서라고 합니다. 즉, '파일=통합 문서'로 생각하면 됩니다.

시트의 크기는 열 개수는 16,384(XFD열), 행 개수는 1,048,576로 구성되어 있습니다.

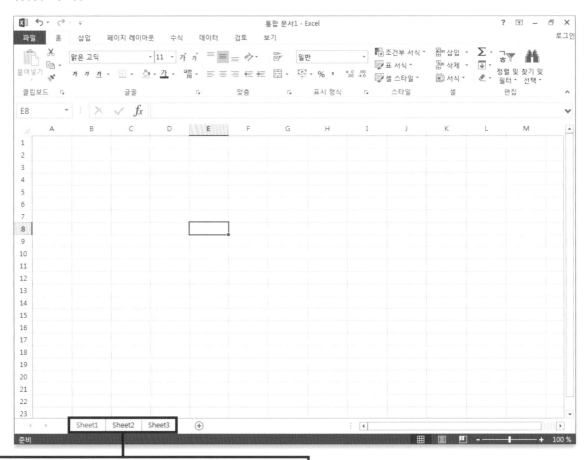

Sheet를 모아서 저장한 파일을 통합 문서라 한다.

CHAPTER 02
엑셀 화면 및 설정 탐구하기

엑셀 실행/종료, 화면 구성과 환경 설정에 대해서 살펴보도록 하겠습니다.

완성 화면
미리 보기

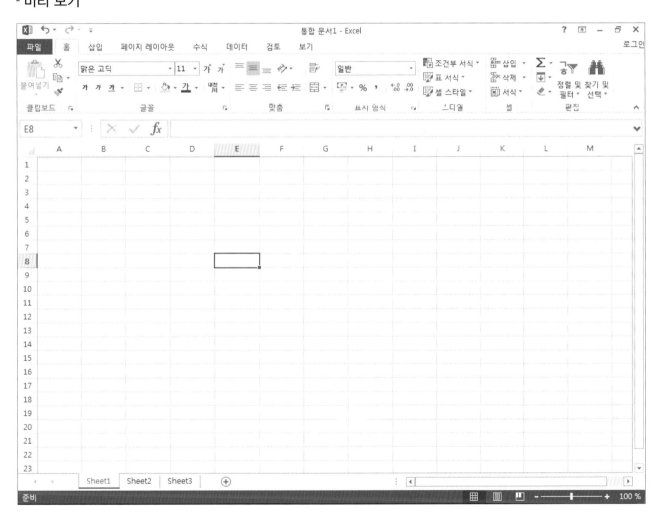

여기서
배워요! 엑셀 실행/종료, 화면 구성, 환경 설정

1 [시작](⊞) 버튼을 클릭한 다음 [Microsoft Office 2013]–[Excel 2013]을 클릭합니다.

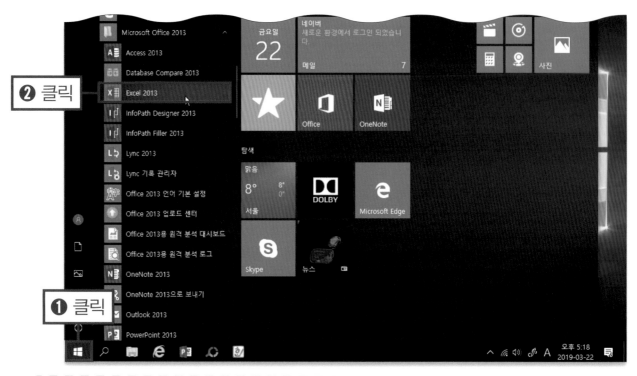

 • 현재 윈도우 화면 창은 윈도우10 버전을 기준으로 하고 있습니다. 만약, 사용하고 있는 OS가 윈도우7 버전이라면 [시작](●)을 클릭한 후 [모든 프로그램]–[Microsoft Office 2013]–[Excel 2013]을 클릭합니다.
• 윈도우의 바탕화면에 있는 [Excel 2013 바로 가기 아이콘](▣)을 더블 클릭해도 됩니다.

2 엑셀 2013 프로그램이 실행되어 시작 화면이 나타납니다. [새 통합 문서]를 클릭하면 엑셀 2013의 '새 통합 문서' 화면이 나타납니다.

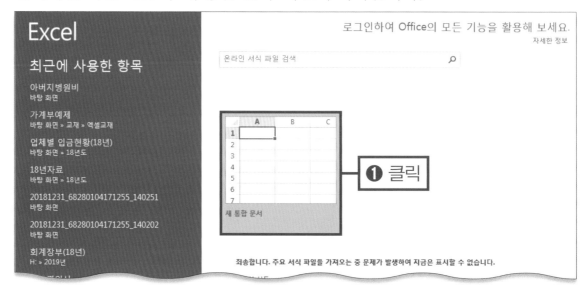

STEP 2 엑셀 화면 구성 살펴보기

엑셀 2013의 '새 통합 문서'를 선택했을 때 나오는 기본 화면입니다.

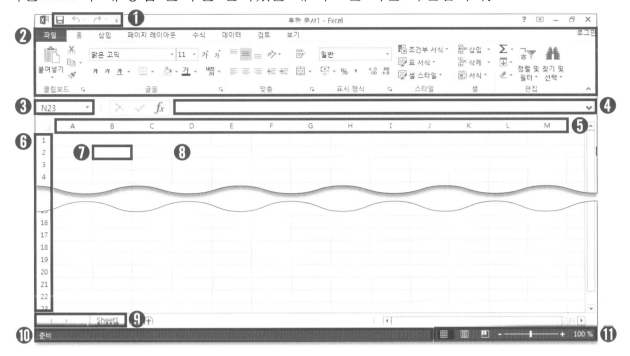

① **빠른 실행 도구 모음** : 자주 사용하는 명령을 등록하여 빠르게 실행할 수 있습니다.

② **리본 메뉴** : 8개 메뉴와 메뉴 선택 시 나타나는 명령 그룹들과 명령 버튼들이 표시되어 있습니다. 개체가 선택된 경우 해당 개체에 대한 상황 메뉴도 나타납니다.

③ **이름 상자** : 작업 셀을 확인할 수 있으며, 일정 영역을 명칭으로 정의하는 [이름 정의]를 할 수 있는 곳입니다.

④ **수식 입력줄** : 수식 입력 및 셀에 입력된 데이터를 확인할 수 있습니다.

⑤ **열 머리글** : 열 위치를 알려 주는 문자로 XFD열까지 표시할 수 있습니다.

⑥ **행 머리글** : 행 위치를 알려주는 숫자로 1,048,576행까지 표시할 수 있습니다.

⑦ **셀** : 엑셀에서 데이터가 입력되는 하나의 칸을 의미합니다.

⑧ **워크시트** : 엑셀 실제작업이 이루어지는 공간을 의미합니다.

⑨ **시트 탭 및 시트 이동 버튼** : 시트 명들이 나열되어 작업 시트를 변경할 수 있습니다.

⑩ **상태 행** : 엑셀의 상태와 범위 안의 숫자 데이터를 자동 계산하는 함수가 나타나는 공간을 의미합니다.

⑪ **화면 보기 버튼 및 확대 축소 버튼** : 엑셀의 편집 창을 '기본' 보기, '페이지 레이아웃', '페이지 나누기 미리 보기'로 바꿀 수 있는 명령 버튼과 화면 '확대/축소' 배율이 나타나는 곳입니다.

엑셀 종료하기

3 ····· 엑셀을 종료하기 위해서 '제목 표시줄' 오른쪽 상단의 [닫기](×) 버튼을 클릭합니다. 만약 내용이 입력되었다면 종료 전에 저장 여부를 묻는 대화상자가 나타나고 [저장 안 함]을 클릭합니다.

 [파일] 탭–[닫기]를 클릭해도 종료됩니다.

STEP 4 **사라진 리본 메뉴 찾아오기**

4 ····· 리본 메뉴 오른쪽의 [리본 메뉴 축소(∧)]버튼을 클릭하면 아래처럼 리본 메뉴가 사라집니다.

• 리본 메뉴가 있는 화면

• 리본 메뉴가 없는 화면

5 ...... 리본 메뉴가 사라졌을 경우에는 [홈] 탭을 클릭한 후 리본 메뉴 오른쪽에 있는 [리본 메뉴 고정](📌) 버튼을 클릭하면 리본 메뉴가 다시 나타납니다.

 [홈] 탭 또는 [삽입] 탭 등의 명령 탭을 더블 클릭하여도 리본 메뉴가 다시 나타납니다.

 엑셀 화면 보기 방법은 [기본 보기], [페이지 레이아웃], [페이지 나누기 미리 보기]로 3가지가 있습니다.

① **기본 보기** : 가장 기본이 되는 엑셀 편집 화면 형태입니다.
[보기] 탭–[통합 문서 보기] 그룹에서 [기본]을 클릭하거나 하단 '상태 행'의 화면 보기 버튼 중 [기본]을 클릭합니다.

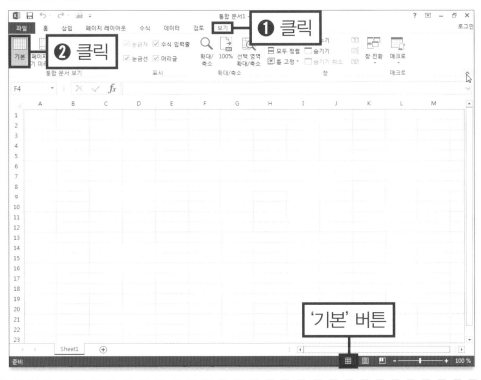

② **페이지 레이아웃 보기** : 편집 창에서 위/아래/좌/우 여백을 비롯하여 머리글/바닥글까지도 확인 및 설정할 수 있는 화면 보기 형태입니다. [보기] 탭–[통합 문서 보기] 그룹에서 [페이지 레이아웃]을 클릭하거나 하단 '상태 행'의 화면 보기 버튼 중 [페이지 레이아웃] 버튼을 클릭합니다.

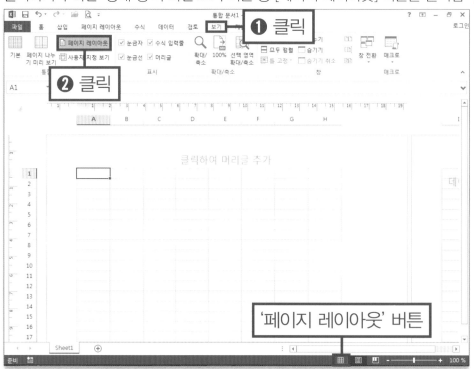

③ **페이지 나누기 미리 보기** : 페이지 나누어짐을 미리 보기 하는 형태입니다. [보기] 탭–[통합 문서 보기] 그룹에서 [페이지 나누기 미리 보기]를 클릭하거나 하단 '상태 행'의 화면 보기 버튼 중 [페이지 나누기 미리 보기] 버튼을 클릭해도 됩니다.

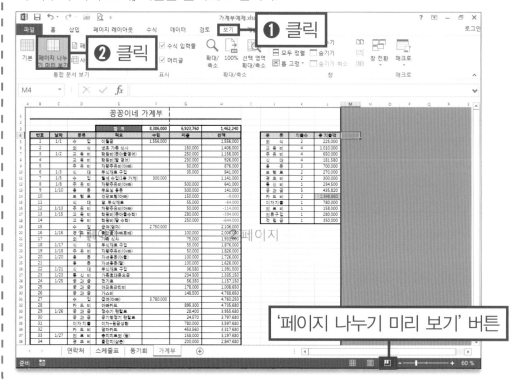

CHAPTER 03
데이터를 선택하는 다양한 방법

여기서는 작업 대상이 되는 셀을 선택하는 다양한 방법에 대해 살펴 보겠습니다.

완성화면
미리보기

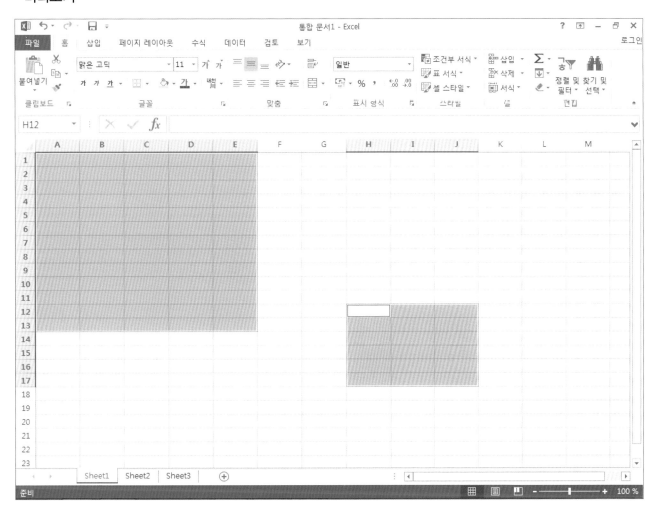

여기서
배워요! 하나의 셀 선택, 연속하는 셀 선택, 비연속하는 셀 선택, 행 또는 열 선택

하나의 셀 선택

1 ⋯⋯ 원하는 셀을 클릭합니다. 여기서는 [A5]를 클릭해 봅니다.

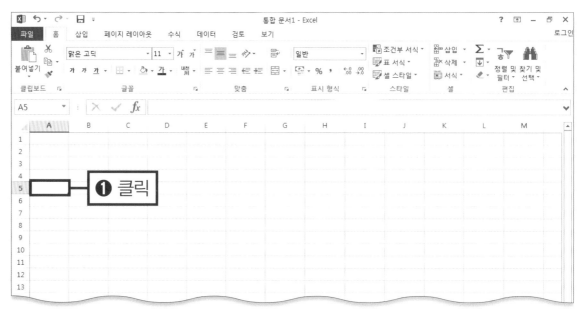

연속하는 셀 선택

2 ⋯⋯ 연속된 셀을 선택하기 위해 [A1:A10] 셀까지 드래그합니다.

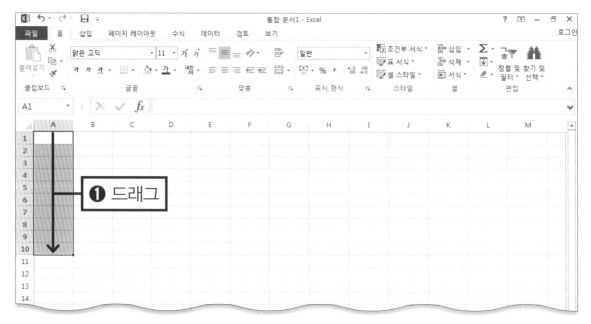

조금 더
배우기

• [A1:A10]은 [A1] 셀에서 [A10] 셀까지 범위를 의미합니다.
• [A1] 셀을 클릭한 후 키보드의 Shift 를 누른 상태로 [A10] 셀을 클릭해도 됩니다.

비연속하는 셀 선택

3 ⋯⋯ [A1] 셀을 클릭한 후 Ctrl을 누른 상태로 [A5] 셀을 클릭합니다. 계속해서 Ctrl을 누른 상태로 [A7:A10] 셀까지 드래그하면 떨어진 일정 범위를 같이 선택할 수 있습니다.

STEP 4 행 또는 열 전체 선택

4 ⋯⋯ [A] 열머리글을 클릭합니다. 연속하는 열을 선택하기 위해 [D] 열머리글을 Shift를 누른 상태에서 클릭합니다. Ctrl를 누르고 클릭하면 비연속적인 열도 선택 가능합니다.

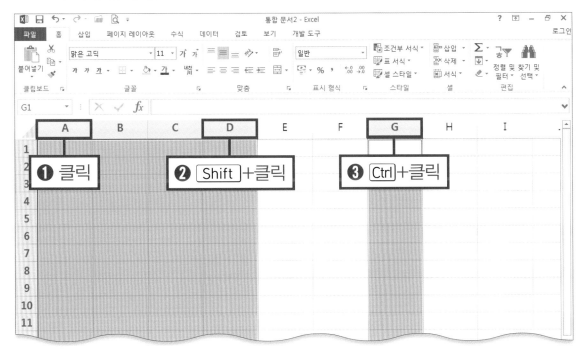

셀을 선택하는 방법

① 시트 전체를 선택할 경우 [전체 선택]([ ]) 버튼을 클릭합니다.

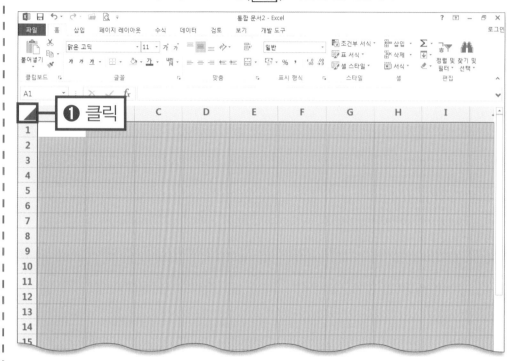

② 데이터가 있는 표 전체를 선택해야 하는 경우는 표 안의 셀을 클릭한 다음 Ctrl과 A를 동시에 누릅니다.

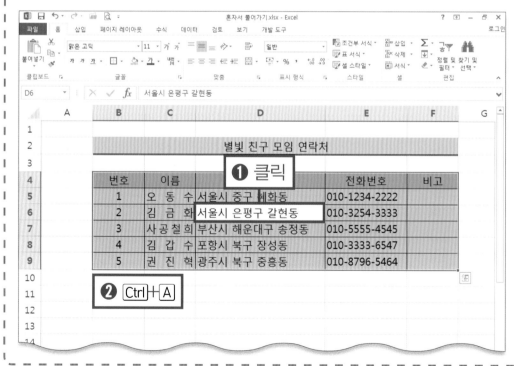

엑셀의 데이터란 무엇인가?

엑셀은 입력되는 값이 계산을 목적으로 하느냐,
날짜/시간 계산을 목적으로 하느냐, 문자를 나타내느냐에 따라 데이터 종류가
나누어집니다. 여기서는 데이터의 종류와 특성을 살펴보겠습니다.

완성화면
미리보기

	A	B	C	D	E	F	G
1							
2		숫자데이터		문자데이터		날짜	
3		1		홍길동		01월 05일	
4		100.5		韓國		01월 06일	
5		-100.35		♥			
6				010-2222-3333			
7							
8							
9							
10							
11							

여기서
배워요! 숫자 데이터, 문자 데이터, 날짜/시간 데이터, 데이터 자동 채우기, 저장/닫기/열기

계산을 목적으로 하는 숫자 데이터

1 0~9까지 숫자와 특수 문자(+, −, %, $, ₩ 등)로 구성되며 기본적으로 셀의 우측에 정렬됩니다. 아래와 같이 [B3] 셀에 '1', [B4] 셀에 '100.5', [B5] 셀에 '−100.35'을 입력합니다.

2 [B8] 셀 '12345678'을 입력합니다. 셀 너비보다 큰 숫자가 들어오면 자동으로 열 너비가 늘어납니다. 만약 열 너비가 자동 조정이 안되어서 숫자가 '###'로 나타나게 된다면 화면과 같이 열 머리 경계선을 오른쪽으로 드래그하여 열 너비를 넓힙니다.

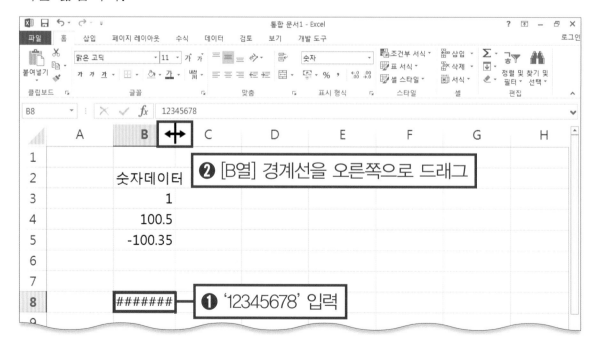

 조금 더 배우기 12자리 이상의 숫자 데이터값은 지수 형태로(1.23457E+11) 표현되나, [표시 형식]에서 [숫자] 형식을 지정하면 일반 숫자 형식으로 표현할 수 있습니다.

3 한글, 영어, 한자, 특수 문자, 계산을 목적으로 하지 않는 숫자 등으로 구성되어 있습니다. 여기서는 [D3] 셀에 '홍길동', [D4] 셀에 '韓國', [D5] 셀에 '♥', [D6] 셀에 '010-2222-3333'을 입력합니다.

 조금 더 배우기 한자 변환은 한자로 변경할 단어를 입력한 후 키보드의 [한자]를 누릅니다. 특수 문자는 한글 자음(ㄱ ~ ㅎ)을 입력한 후 [한자]를 눌러 사용하면 됩니다. '♥'는 'ㅁ'을 입력한 후 [한자]를 누르면 나옵니다.

4 한 셀에 2줄 이상을 입력하려면 [D8] 셀에 'Seoul' 입력, [Alt]를 누른 상태에서 [Enter↵]하여 줄 바꾸기를 한 후 'Korea'를 입력합니다.

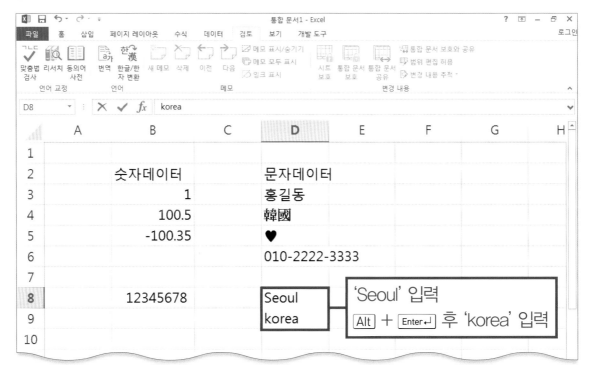

STEP 3 날짜/시간 데이터

5 날짜는 슬래시(/) 또는 하이픈(−)으로 입력해야 하며 시간은 콜론(:)으로 입력해야 합니다. 여기서는 [F3] 셀에 '10/5', [F4] 셀에 '10-6', [F5] 셀에 '10:25:30'을 입력합니다.

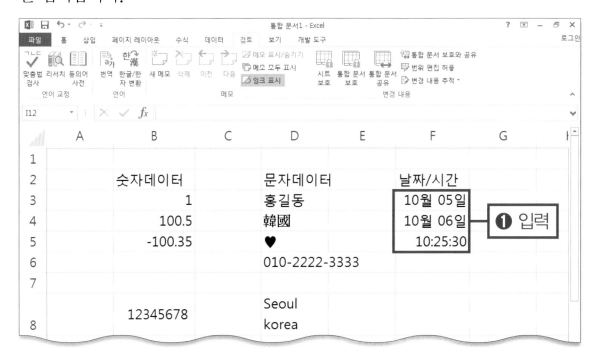

STEP 4 데이터 삭제

6 시트 전체를 선택하기 위해서 [전체 선택]( )을 클릭합니다.

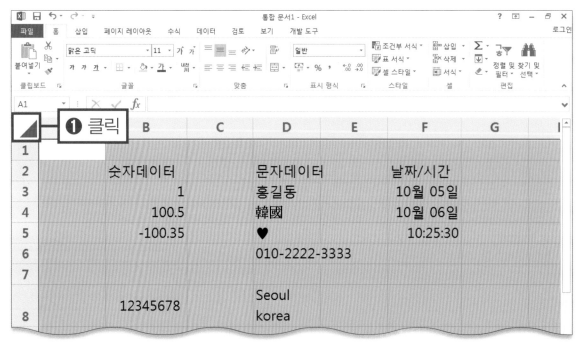

7 ‥‥‥ [홈] 탭–[편집] 그룹에서 [지우기]–[모두 지우기]를 클릭합니다.

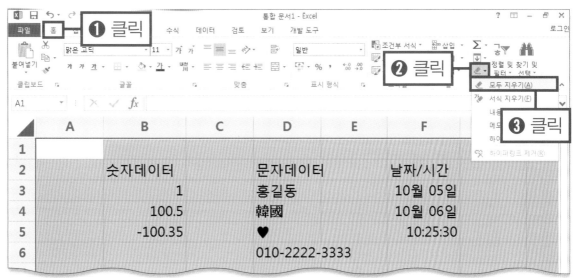

 입력된 데이터를 Delete 를 눌러 삭제하면 데이터만 삭제되고 서식은 그대로 손재합니다. 따라서 서식까지 삭제하려면 위와 같이 [모두 지우기]를 클릭해야 합니다.

STEP 5 데이터 자동 채우기

---

8 ‥‥‥ [B2] 셀부터 [B10] 셀까지 연속하는 셀에 데이터를 자동으로 채우기 위해 [B2] 셀에 숫자 '1' 입력 한 후 화면과 같이 셀 하단에 마우스 포인터를 맞추어 [자동 채우기 핸들(+)]로 [B10] 셀까지 드래그합니다. [자동 채우기 옵션](▣)을 클릭하여 [연속 데이터 채우기]를 클릭합니다.

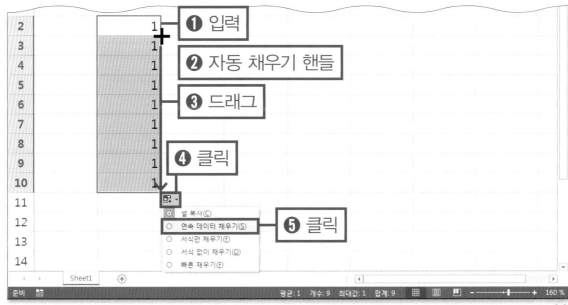

9····· 연속된 데이터가 채워진 것을 확인할 수 있습니다.

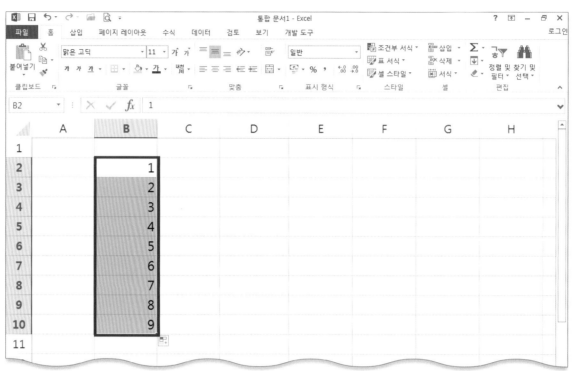

10···· [D2] 셀에 날짜 '1/3'을 입력한 후 [자동 채우기 핸들](+)에 마우스 포인터를 맞추어 [D10] 셀까지 드래그합니다. 이후 [자동 채우기 옵션](📋)-[평일 단위 채우기]를 클릭합니다.

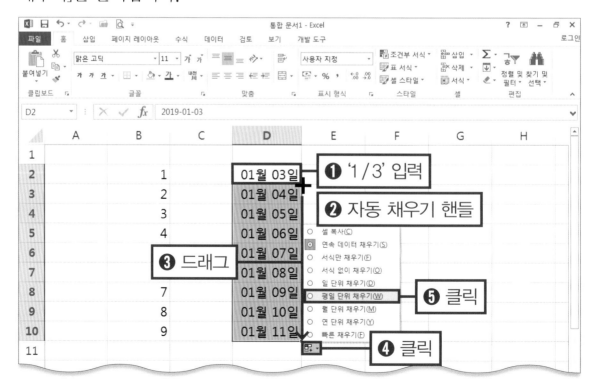

11 ···· 토, 일을 제외한 평일 단위 데이터로 채워진 것을 확인할 수 있습니다.

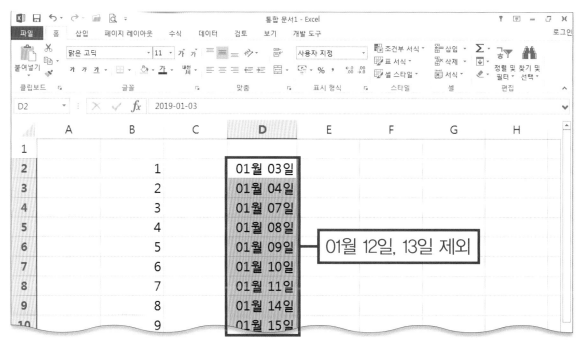

12 ···· [F2] 셀에 문자 '월'을 입력한 후 [자동 채우기 핸들](+)를 사용하여 [F9] 셀까지 드래그합니다. 아래와 같이 요일의 연속 데이터가 채워진 것을 확인할 수 있습니다.

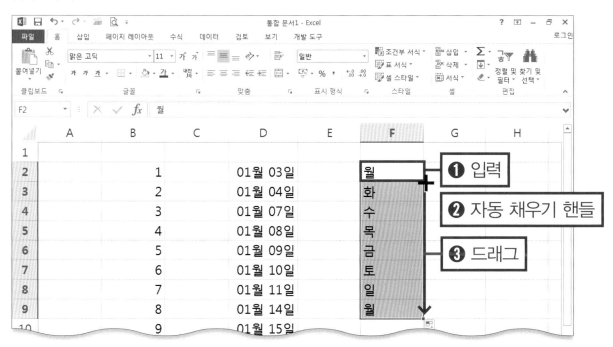

조금 더
배우기

문자 데이터를 '자동 채우기'하면 연속 데이터가 기본으로 채워집니다. 동일한 데이터를 채우고자 한다면 [자동 채우기 옵션](▦)–[셀 복사]를 선택하면 됩니다.

13⁰⁰⁰⁰ 통합 문서를 저장하기 위해서 [파일] 탭-[저장]을 클릭한 다음 [컴퓨터]-[바탕화면]을 클릭합니다.

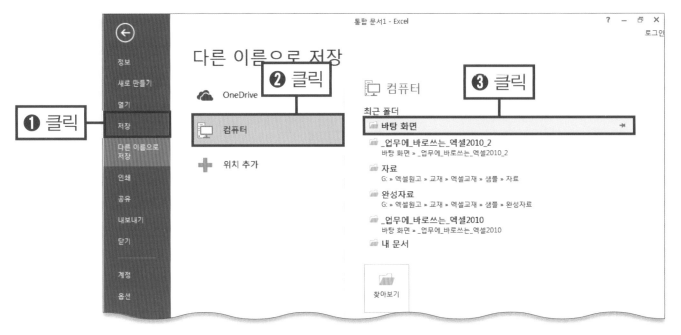

14⁰⁰⁰⁰ '다른 이름으로 저장' 대화상자가 나타나면 [파일 이름]을 '데이터 연습'이라고 입력하고 [저장] 버튼을 클릭합니다.

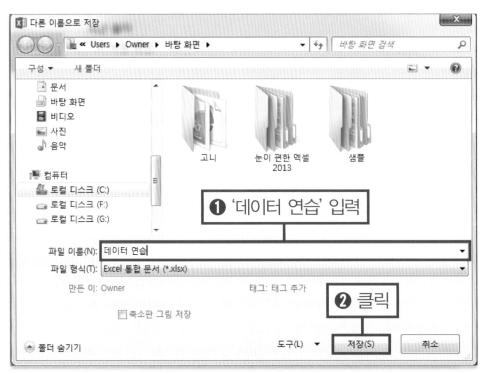

 엑셀 파일의 확장자는 . xlsx가 붙여집니다.

15 ···· 파일을 종료하려면 [파일] 탭-[닫기]를 클릭합니다.

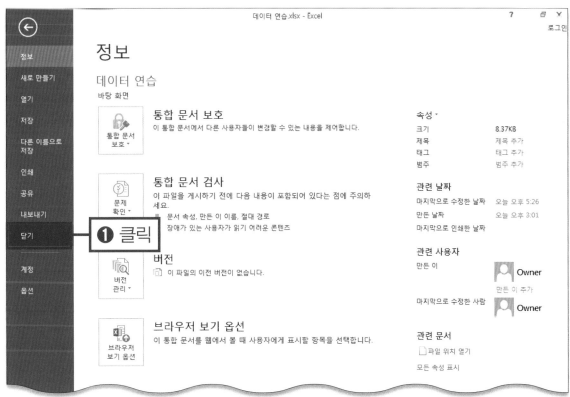

16 ···· '데이터 연습' 파일이 종료된 것을 확인할 수 있습니다.

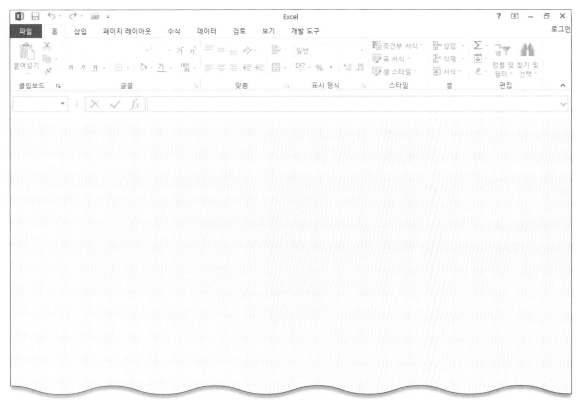

17 ..... 앞서 저장한 '데이터 연습' 파일을 불러오려면 [파일] 탭-[열기]를 클릭합니다. 이후 [컴퓨터]-[바탕화면]을 차례대로 클릭한 다음 '열기' 대화상자가 나타나면 [데이터 연습.xlsx]를 클릭한 후 [열기] 버튼을 클릭합니다.

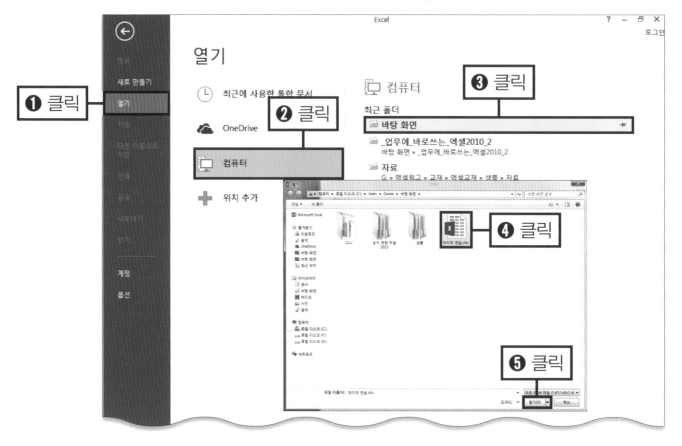

18 ..... '데이터 연습' 파일이 나타납니다.

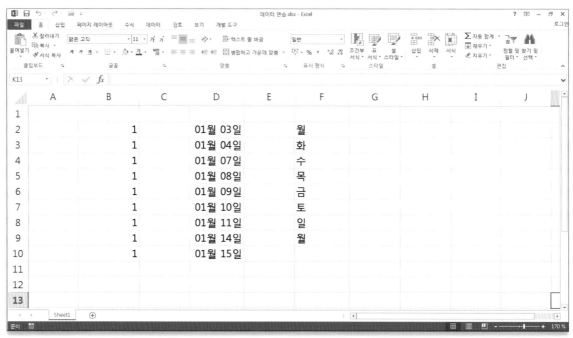

숫자가 포함되지 않은 순수 문자 데이터는 [사용자 지정 목록]에 정의가 되어 있어야 [연속 데이터 채우기]를 할 수 있습니다.

① [파일] 탭–[옵션]–[고급]을 차례대로 클릭한 다음 스크롤을 내려 [사용자 지정 목록 편집] 버튼을 클릭합니다.

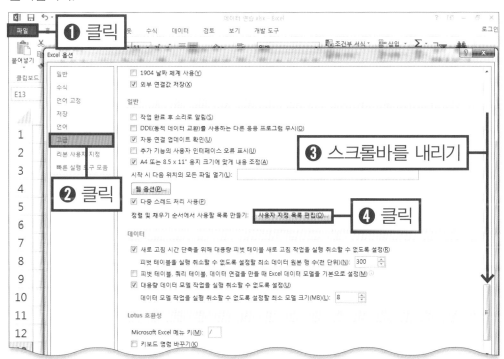

② '사용자 지정 목록' 대화상자에서 [새 목록]을 클릭한 후 [목록 항목]에 아래와 같이 내용을 입력하고 [추가] 버튼을 클릭합니다.

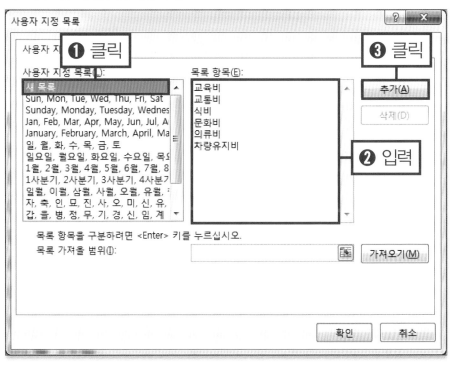

③ '사용자 지정 목록'에 문자 데이터가 추가된 것을 확인할 수 있습니다. [확인] 버튼을 클릭합니다.

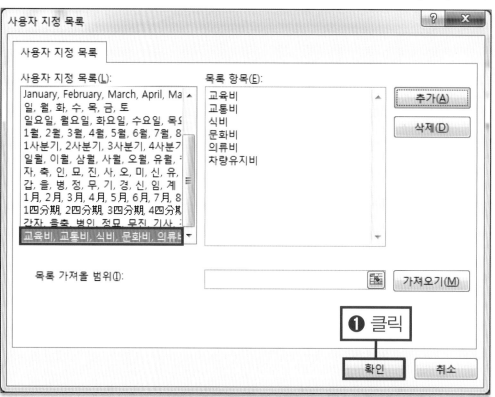

④ [H2] 셀에 '교육비'를 입력한 후 [자동 채우기 핸들](+)을 사용하여 [H7] 셀까지 드래그합니다. 추가된 '교육비'에서 '차량유지비'까지 자동으로 채워지는 것을 확인할 수 있습니다.

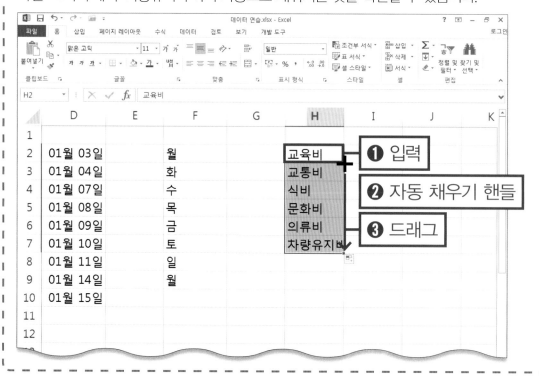

혼자서도 만들 수 있어요!

1 '새 통합 문서'에 아래 화면처럼 숫자, 문자, 날짜, 자동 채우기를 이용하여 만들어 보세요.

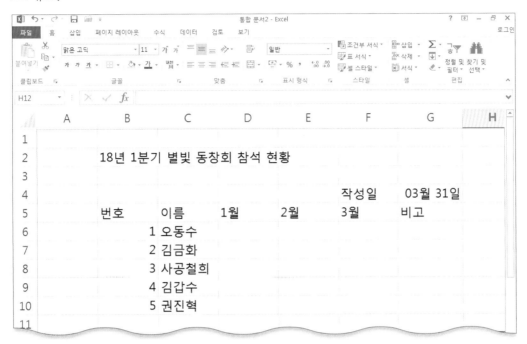

2 새로운 시트에 별빛 친구 모임 연락처를 작성하고 저장해 보세요.

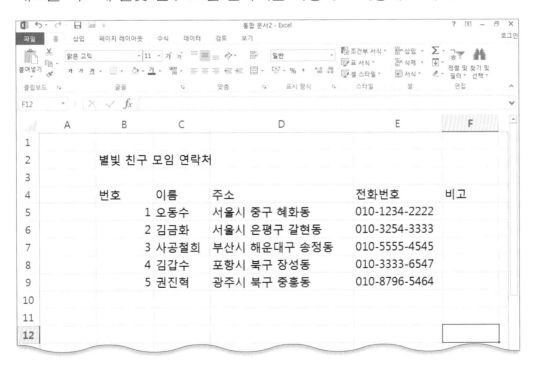

HINT 통합 문서의 저장은 [파일] 탭–[저장] 메뉴 클릭 / 저장 위치 : [바탕화면] / 파일 명 : '별빛친구 연락처' 입력

서식으로 동창회 주소록 꾸미기 1

엑셀의 글꼴과 맞춤 서식으로 '별빛 친구 연락처'의 서식을 지정해 보겠습니다.

완성화면

미리보기

A	B	C	D	E	F	G	H	I
1								
2			**별빛 친구 모임 연락처**					
3					2018-11-12			
4	번호	이름	주소	전화번호	비고			
5	1	오 동 수	서울시 중구 혜화동	010-1234-2222				
6	2	김 금 화	서울시 은평구 갈현동	010-3254-3333				
7	3	사공 철희	부산시 해운대구 송정동	010-5555-4545				
8	4	김 갑 수	포항시 북구 장성동	010-3333-6547				
9	5	권 진 혁	광주시 북구 중흥동	010-8796-5464				
10	6	우 영 주	울산시 남구 옥동	010-1254-5471				
11	7	최 민 국	대구시 중구 동인동	010-5478-6542				
12	8	박 의 현	대전시 유성구 원내동	010-7412-6547				
13	9	이 영 환	서울시 서초구 방배동	010-8564-3217				
14	10	김 꽃 님	인천시 중구 운서동	010-6547-1235				
15	11	이 중 현	부산시 남구 문현동	010-3567-8745				
16	12	김 철 진	대구시 동구 신천동	010-2547-1234				
17	13	정 경 준	서울시 강남구 역삼동	010-9875-8965				
18	14	윤 모 영	울산시 남구 학성동	010-8547-6547				
19	15	황 철	서울시 강서구 화곡동	010-3216-5472				

여기서

배워요! 열 너비 조정, 글꼴 서식, 맞춤 서식

데이터 길이에 맞추어 열 너비를 조정

1 [예제 파일] 폴더에서 [5강 별빛친구 연락처.xlsx] 파일을 불러옵니다. 데이터 길이에 맞추어 열 너비를 조정하기 위해 아래 화면과 같이 [D] 열머리 오른쪽 경계선에 마우스 포인터를 갖다 댄 후 포인터 모양이 (↔)로 변경되면 오른쪽 으로 드래그 또는 더블 클릭합니다. 동일하게 [E] 열 너비도 조정합니다.

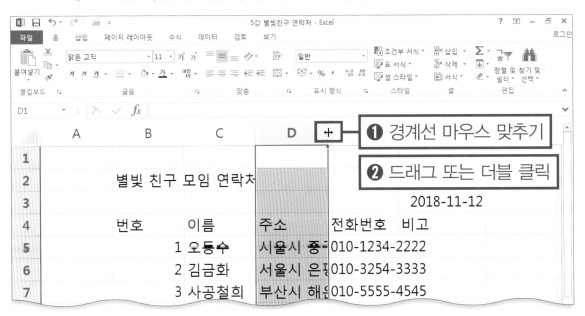

글꼴 서식과 표 가운데 제목이 오도록 맞춤 지정하기

2 [B2] 셀의 [별빛 친구 모임 연락처]를 클릭합니다. [홈] 탭–[글꼴] 그룹에서 글 꼴을 'HY헤드라인M'으로 선택합니다. 글꼴 크기는 '14', 글꼴 스타일은 '굵게' 글꼴 색은 '진한 파랑'으로 지정합니다.

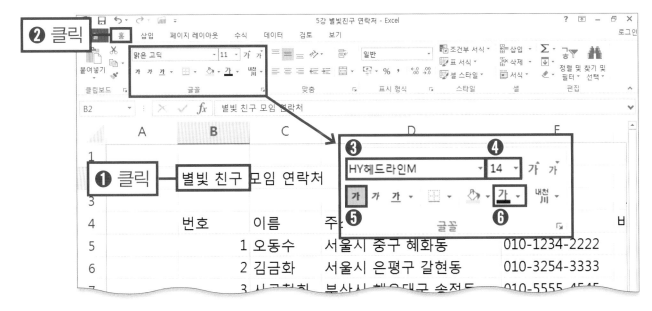

3 ..... [B2:F2] 셀을 드래그한 후 [홈] 탭-[맞춤] 그룹에서 [병합하고 가운데 맞춤]을 클릭합니다.

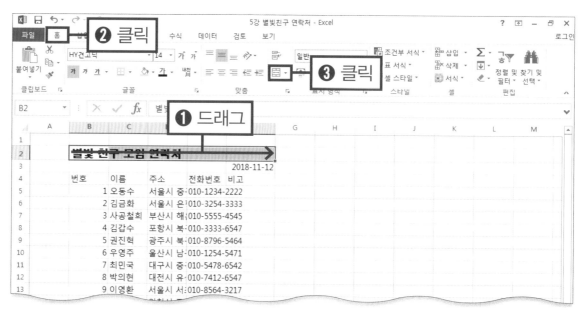

 [병합하고 가운데 맞춤]을 해제하고 싶다면, 한 번 더 [병합하고 가운데 맞춤]을 클릭합니다.

STEP 3 [번호]에서 [비고]까지 각 셀 가운데 맞춤 정렬하기

4 ..... [B4:F4] 셀을 드래그한 후 [홈] 탭-[맞춤] 그룹에서 [가운데 맞춤](≡)을 클릭합니다. 마찬가지로 [B5:B19] 셀, [E5:E19] 셀도 드래그한 후 [가운데 맞춤] (≡)을 클릭합니다.

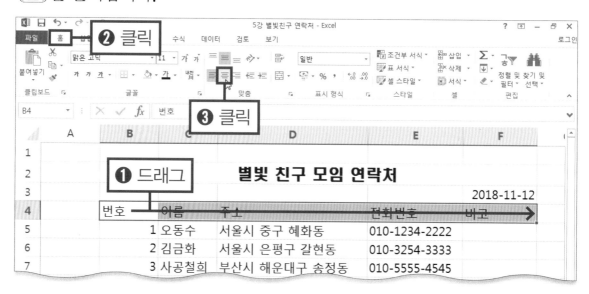

5 ..... 문자 길이가 다른 이름 항목 [C5:C19] 셀까지 드래그한 후 [마우스 오른쪽 버튼]을 누른 다음 [셀 서식] 메뉴를 클릭합니다.

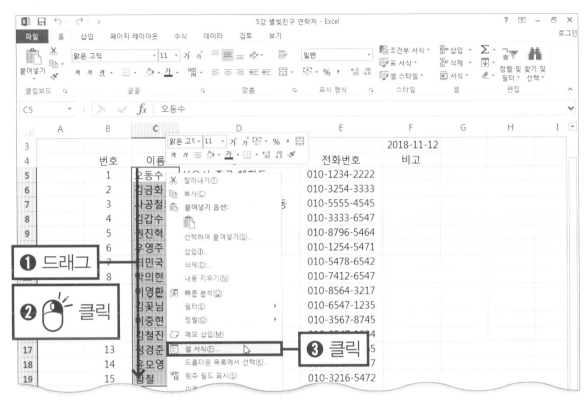

6 ..... '셀 서식' 대화상자가 나타나면 [맞춤] 탭을 클릭한 후 [텍스트 맞춤]−[가로]에서 [균등 분할(들여쓰기)]를 클릭합니다.

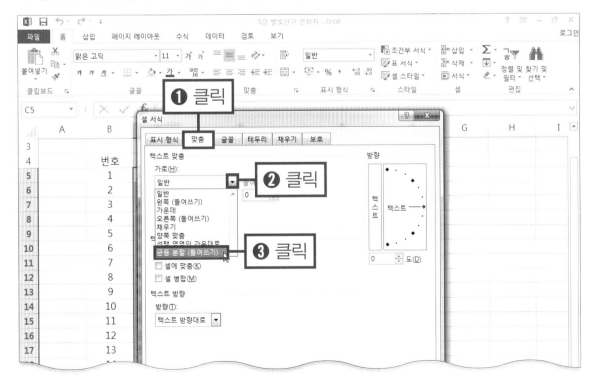

7 ····· 아래와 같이 문자들의 여백이 조정되어 왼쪽과 오른쪽을 맞추어 정렬된 것을 확인할 수 있습니다.

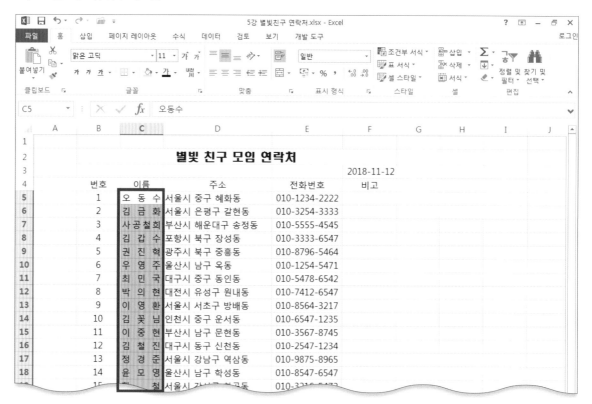

8 ····· [C] 열의 열 너비도 아래 화면과 같이 드래그하여 넓히도록 합니다.

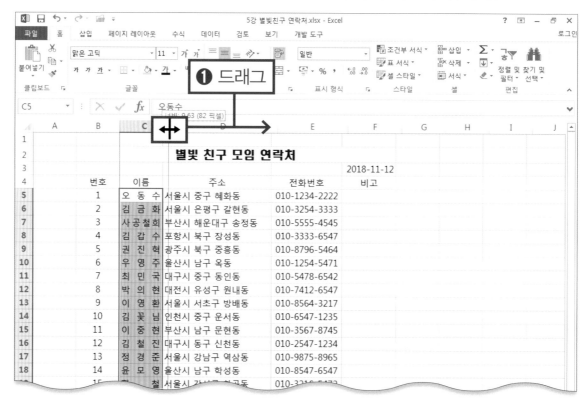

CHAPTER 06
서식으로 동창회 주소록 꾸미기 2

POINT

여기서는 테두리, 색 채우기, 날짜 표시 형식을 이용하여
'별빛 친구 모임 연락처'를 완성하도록 하겠습니다.

완성화면
미리보기

6강 별빛친구 연락처 - Excel

파일　홈　삽입　페이지 레이아웃　수식　데이터　검토　보기　　　　　　　　　　로그인

맑은 고딕 ▾ 11 ▾

I19

	A	B	C	D	E	F	G
1							
2			별빛 친구 모임 연락처				
3						'2018.11.12(월)	
4		번호	이름	주소	전화번호	비고	
5		1	오 동 수	서울시 중구 혜화동	010-1234-2222		
6		2	김 금 화	서울시 은평구 갈현동	010-3254-3333		
7		3	사 공 철 희	부산시 해운대구 송정동	010-5555-4545		
8		4	김 갑 수	포항시 북구 장성동	010-3333-6547		
9		5	권 진 혁	광주시 북구 중흥동	010-8796-5464		
10		6	우 영 주	울산시 남구 옥동	010-1254-5471		
11		7	최 민 국	대구시 중구 동인동	010-5478-6542		
12		8	박 의 현	대전시 유성구 원내동	010-7412-6547		
13		9	이 영 환	서울시 서초구 방배동	010-8564-3217		
14		10	김 꽃 님	인천시 중구 운서동	010-6547-1235		
15		11	이 중 현	부산시 남구 문현동	010-3567-8745		
16		12	김 철 진	대구시 동구 신천동	010-2547-1234		
17		13	정 경 준	서울시 강남구 역삼동	010-9875-8965		

Sheet1

준비　　　　　　　　　　　　　　　　　　　　　　　　　　　　130 %

여기서
배워요! 　테두리 서식, 색 채우기, 날짜 표시 형식

표 테두리 지정하기

1 ….. [예제 파일] 폴더에서 [6강 별빛친구 연락처.xlsx] 파일을 불러옵니다. [B4:F19] 셀을 드래그한 후 [홈] 탭-[글꼴] 그룹에서 [테두리] 목록 단추(▼)를 클릭한 다음 [모든 테두리]를 클릭합니다. 표 가장자리는 [굵은 상자 테두리]가 되도록 지정합니다.

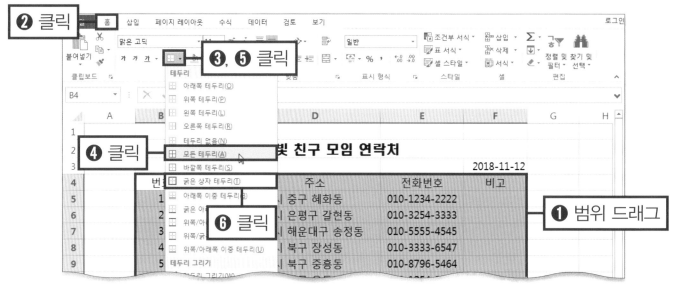

STEP 2 제목에 채우기 색 지정하기

2 ….. 병합된 제목 [B2:F2] 셀을 클릭한 후 [홈] 탭-[글꼴] 그룹에서 [채우기 색]의 목록 단추(▼)를 클릭한 다음 [연한 녹색]을 클릭합니다.

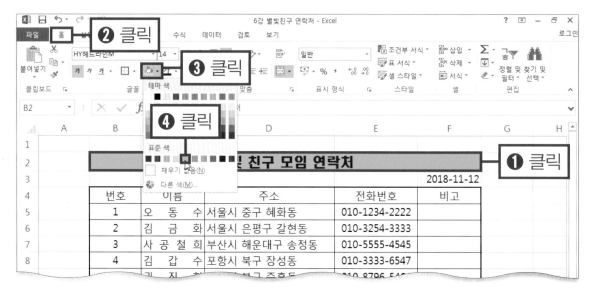

 [채우기 색]에서 [다른 색]을 클릭하면 좀 더 다양한 색을 적용할 수 있습니다.

날짜 데이터 형식 변경하기

3 ····· [F3] 셀을 클릭한 후 [마우스 오른쪽 버튼]을 누른 다음 목록에서 [셀 서식]을 클릭합니다.

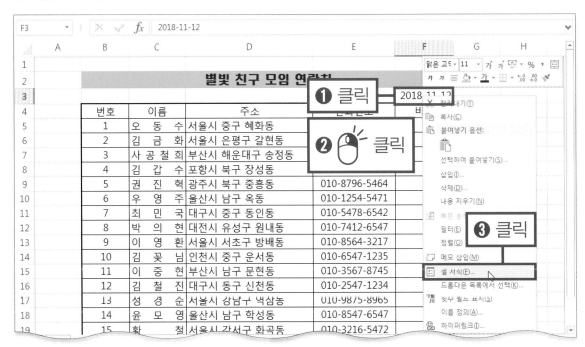

 셀 서식의 단축키는 Ctrl 키와 1 키를 동시에 누르면 됩니다.

4 ····· '셀 서식' 대화상자에서 [표시 형식] 탭-[날짜]를 클릭한 다음 [2012년 3월 14일]-[확인] 버튼을 차례대로 클릭합니다.

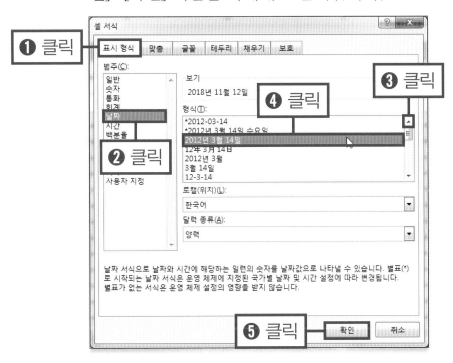

5 ..... [F3] 셀에 '2018년 11월 12일' 형식으로 날짜가 표시된 것을 확인할 수 있습니다.

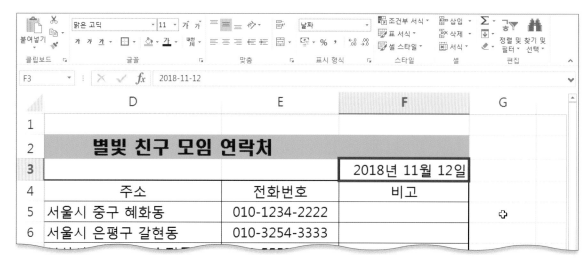

STEP 4 동창회 주소록 완성하기

6 ..... [B4:F4] 셀의 아래쪽 테두리를 [아래쪽 이중 테두리]로 지정하고 [B6:F6], [B8:F8], [B10:F10], [B12:F12], [B14:F14], [B16:F16], [B18:F18] 셀을 각각 드래그하여 [채우기 색]을 화면과 같이 지정하여 주소록을 완성합니다.

[테두리]와 [채우기 색]은 〈STEP 1〉, 〈STEP 2〉을 참고합니다. 떨어져 있는 셀들은 [Ctrl]을 누른 채 드래그 또는 클릭하여 선택합니다.

[셀 서식]에서 [표시 형식]-[사용자 지정]을 이용하면 사용자가 원하는 형식의 날짜 서식을 만들 수 있습니다. 에시) '18.11.12.(화)

・날짜 표시 형식 기호

년 표시 형식	월 표시 형식	일 표시 형식	한글요일 표시 형식
yy 또는 yyyy	m 또는 mm	d 또는 dd	aaa 또는 aaaa

① [F3] 셀을 클릭한 후 [마우스 오른쪽 버튼]을 누르고 목록에서 [셀 서식]을 클릭합니다.

② '셀 서식' 대화상자가 나타나면 [표시 형식] 탭-[사용자 지정]을 클릭합니다.
　　'형식'에 "YY.MM.DD(AAA)'를 입력합니다. 표시 형식은 대, 소문자 구분이 없습니다.

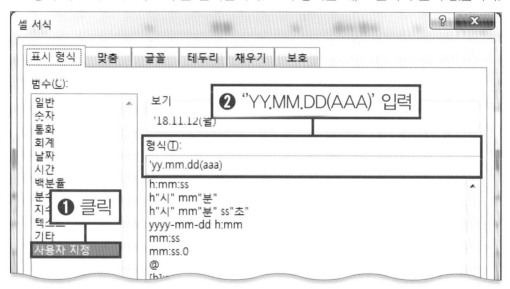

③ 아래 화면처럼 [F3] 셀의 날짜 표시 형식이 변경된 것을 확인할 수 있습니다.

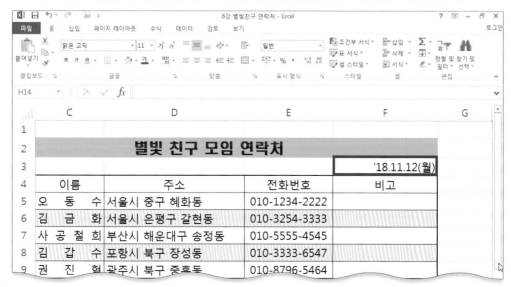

혼자서도 만들 수 있어요!

1 [예제 파일] 폴더에서 [6강 꿍꿍이네 가계부.xlsx] 파일을 불러옵니다. 아래의 화면처럼 제목 서식을 지정하세요.

번호	날짜	분류	적요	수입	지출	잔액
1	01-01	수입	이월금	1556000		
2		식대	년초 가족 식사		150000	
3	01-02	교육비	학원비(큰아들영어)		250000	
4		교육비	학원비(딸 영어)		230000	
5		주유비	차량주유비(아빠)		50000	
6	01-03	식대	부식재료 구입		35000	
7	01-05	수입	월세 수입(1층 가게)	300000		
8	01-08	주유비	차량주유비(아빠)		500000	
9		식대	쌀, 부식재료		55000	

- [글꼴 : HY헤드라인M], [크기 : 16], [글꼴 스타일 : 굵게], [색 : 진한 파랑]
- [[B1:H1] : 병합하고 가운데 맞춤] • [테두리 : 아래쪽 이중 테두리], [채우기 색 : 노랑]

2 [6강 꿍꿍이네 가계부.xlsx] 파일에서 아래 화면처럼 서식을 지정하세요.

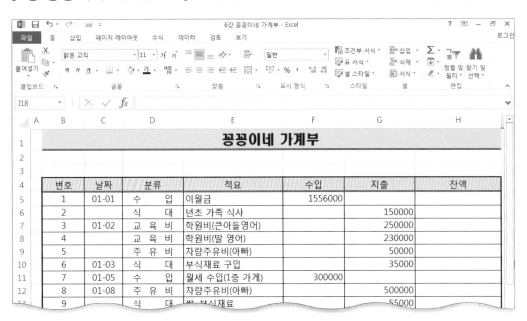

- [[B4:H29] 셀 : 모든 테두리, 굵은 상자 테두리]
- [[B4:H4] 셀 : 아래쪽 이중 테두리, 채우기 색 지정, 가운데 맞춤], [[B5:C29] 셀 : 가운데 맞춤]
- [[D5:D29] 셀 : [셀 서식]-[맞춤]에서 균등 분할 맞춤, 들여쓰기 1]

CHAPTER 07
알기 쉽게 시트 명 변경하고 복사하기

엑셀에서는 동일한 양식의 시트는 복사해서 사용할 수 있습니다.
여기서는 시트 복사와 시트 명 변경에 대해서 알아보겠습니다.

완성화면
미리보기

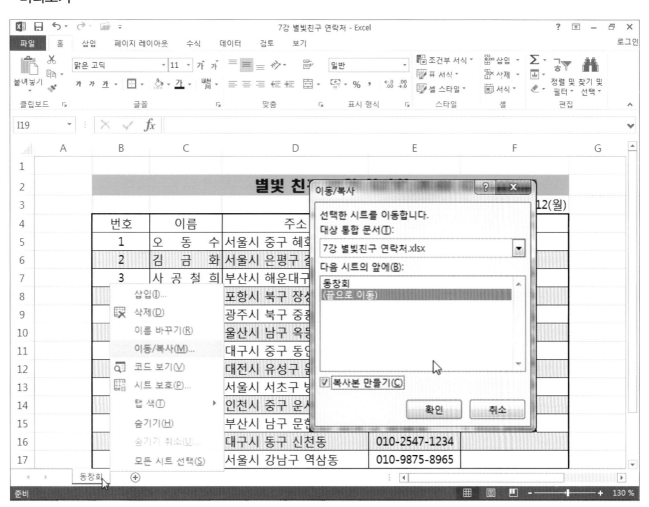

여기서
배워요!

시트 복사, 시트 명 변경하기, 행 높이 조절

시트 명 변경하기

1 ..... [예제 파일] 폴더에서 [7강 별빛친구 연락처.xlsx] 파일을 불러옵니다.
'Sheet1'이라고 표기된 시트 명 위에서 [마우스 오른쪽 버튼]을 누른 후 목록
에서 [이름 바꾸기]를 클릭합니다. 시트 명이 블록 처리되어 나타나면 '동창회'
라고 입력한 다음 [Enter↵]를 누릅니다.

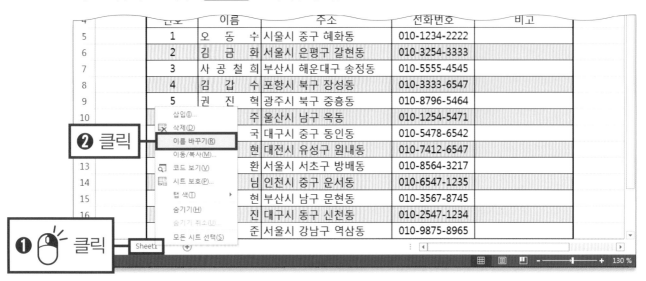

STEP 2 시트 복사

2 ..... [동창회] 시트 명 위에 [마우스 오른쪽 버튼]을 누른 후 [이동/복사]를 클릭합
니다. [끝으로 이동]과 [복사본 만들기]를 각각 클릭한 후 [확인] 버튼을 클릭
합니다.

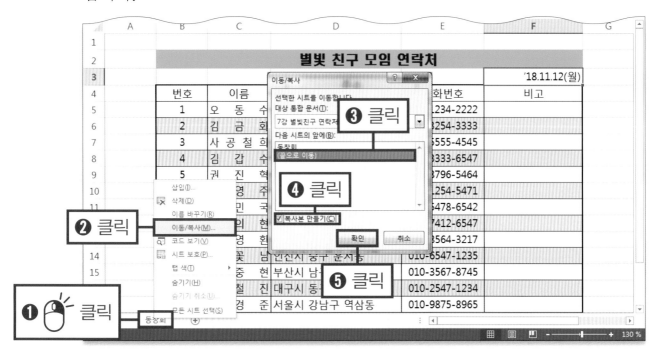

3 ······ '동창회(2)'라는 복사된 시트가 생겼습니다. 시트 명을 더블 클릭한 후 '연락처' 로 변경합니다.

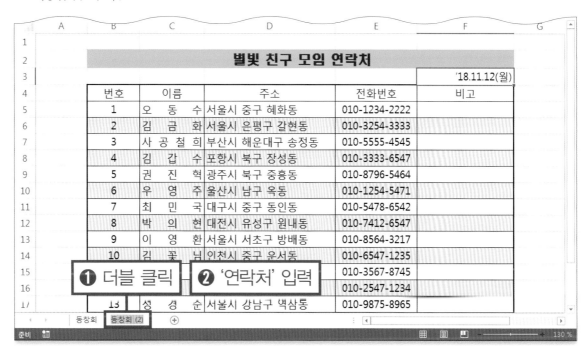

STEP 3 행 높이 조정하기

4 ······ 행 머리글 [2] 위에 [마우스 오른쪽 버튼]을 누른 후 [행 높이]를 클릭합니다. '행 높이' 창이 나타나면 '30'을 입력한 다음 [확인] 버튼을 클릭합니다.

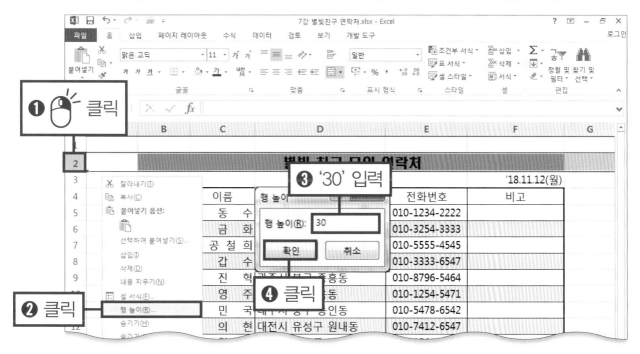

1 [예제 파일] 폴더에서 [7강 꿍꿍이네 가계부.xlsx] 파일을 불러온 후 시트 명 'Sheet1'을 '1월'로 변경해 보세요.

번호	날짜	분류		적요	수입	지출	잔액
				꿍꿍이네 가계부			
1	01-01	수	입	이월금	1556000		
2		식	대	년초 가족 식사		150000	
3	01-02	교 육	비	학원비(큰아들영어)		250000	
4		교 육	비	학원비(딸 영어)		230000	
5		주 유	비	차량주유비(아빠)		50000	
6	01-03	식	대	부식재료 구입		35000	
7	01-05	수	입	월세 수입(1층 가게)	300000		
8	01-08	주 유	비	차량주유비(아빠)		500000	
9		식	대	쌀, 부식재료		55000	
10	01-13	주 유	비	차량주유비(아빠)		50000	
11	01-15	교 육	비	학원비(큰아들수학)		280000	
12		교 육	비	학원비(딸 수학)		250000	
13		수	입	급여(엄마)	2750000		
14	01-16	경 조	비	축의금(아빠후배)		100000	
15						75000	

'Sheet1' 시트 명을 더블 클릭 또는 'Sheet1' 시트 명에서 [마우스 오른쪽 버튼]을 눌러 [이름 바꾸기]를 클릭

2 '1월' 시트를 2번 복사하여 '2월', '3월'로 시트 명을 변경해 보세요.

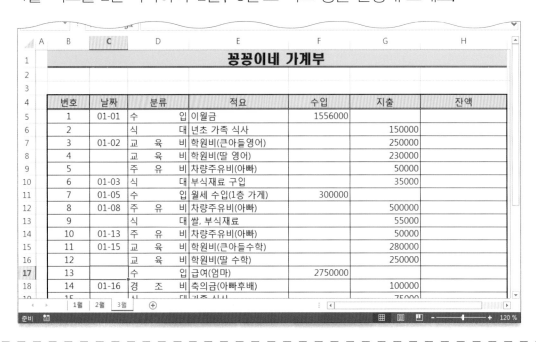

'1월' 시트 명에서 [마우스 오른쪽 버튼]을 눌러 [이동/복사]를 클릭하여 [끝으로 이동]과 [복사본 만들기]를 선택

CHAPTER 08
WordArt 제목을 위한 시트 명 변경과 복사

여기서는 텍스트를 그래픽화하는 WordArt(워드아트)로
제목을 꾸며 보도록 하겠습니다.

완성화면
미리보기

	A	B	C	D	E	F	G

별빛 친구 모임 연락처

'18.11.12(월)

번호	이름		주소	전화번호	비고
1	오 동 수		서울시 중구 혜화동	010-1234-2222	
2	김 금 화		서울시 은평구 갈현동	010-3254-3333	
3	사 공 철 희		부산시 해운대구 송정동	010-5555-4545	
4	김 갑 수		포항시 북구 장성동	010-3333-6547	
5	권 진 혁		광주시 북구 중흥동	010-8796-5464	
6	우 영 주		울산시 남구 옥동	010-1254-5471	
7	최 민 국		대구시 중구 동인동	010-5478-6542	
8	박 의 현		대전시 유성구 원내동	010-7412-6547	
9	이 영 환		서울시 서초구 방배동	010-8564-3217	
10	김 꽃 님		인천시 중구 운서동	010-6547-1235	
11	이 중 현		부산시 남구 문현동	010-3567-8745	
12	김 철 진		대구시 동구 신천동	010-2547-1234	

동창회 | 연락처

여기서
배워요!
WordArt 삽입, 서식 변경

1 [예제 파일] 폴더에서 [8강 별빛친구 연락처.xlsx] 파일을 불러옵니다. [B2] 셀을 클릭한 후 Delete를 눌러 기존 제목을 삭제합니다.

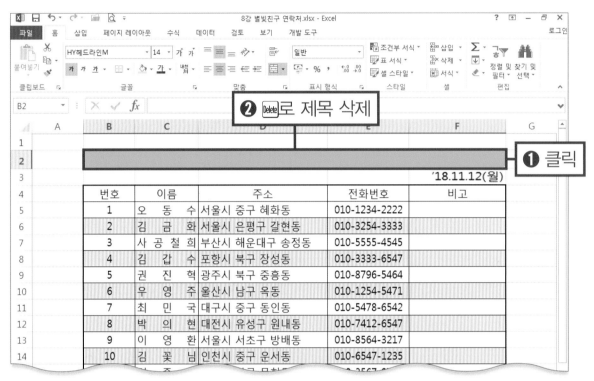

2 [삽입] 탭-[텍스트] 그룹에서 [WordArt(워드아트)]를 클릭합니다. 아래 화면과 같이 [채우기-흰색, 윤곽선-강조2, 진한 그림자-강조2]를 클릭합니다.

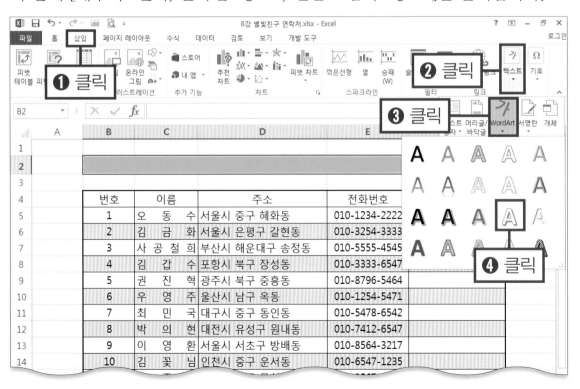

3 ..... '필요한 내용을 적으십시오' 내용을 Delete를 눌러 삭제하고 '별빛 친구 모임 연락처'를 입력합니다.

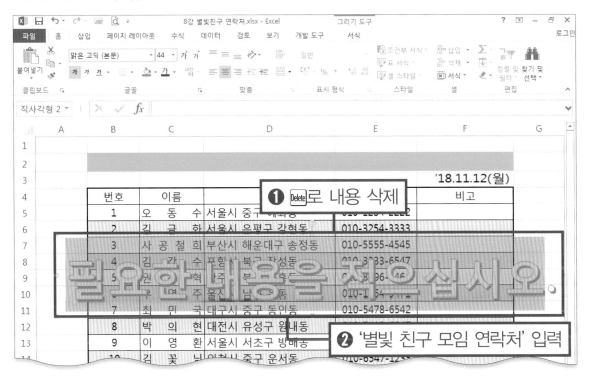

4 ..... 입력된 '별빛 친구 모임 연락처'를 드래그한 후 [그리기 도구 서식] 탭-[WordArt 스타일] 그룹에서 [텍스트 효과]-[변환]-[갈매기형 수장]을 클릭합니다.

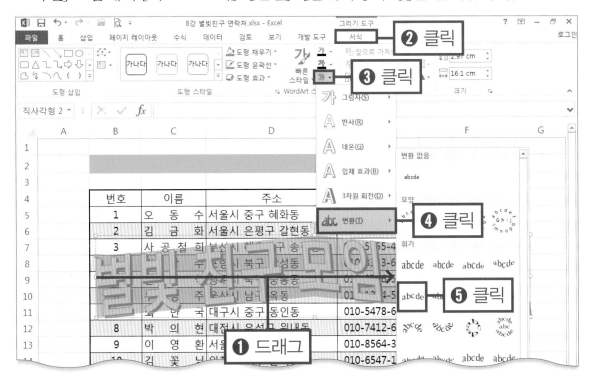

5 WordArt 도형의 조절점(ㅁ)에 마우스 포인터를 갖다 대면 (⬉)로 변경됩니다. 이때 드래그하여 크기를 줄입니다.

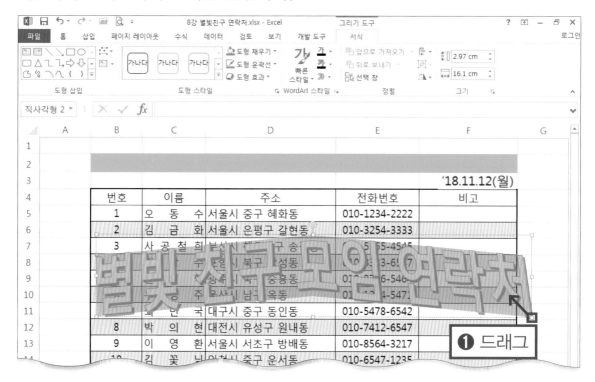

6 WordArt(워드아트) 테두리에 마우스 포인터를 갖다 대면 포인터가 (⬆)로 변경됩니다. 이때 화면과 같이 드래그하여 이동시킵니다.

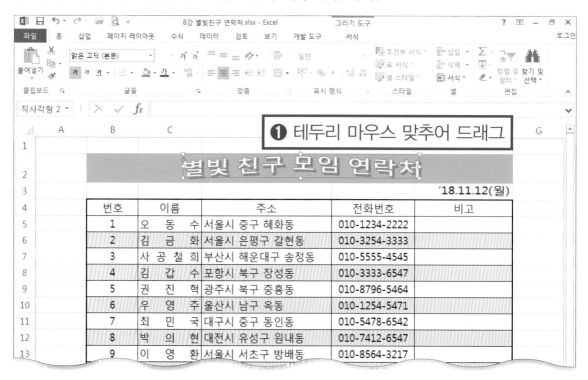

혼자서도 만들 수 있어요!

1 [예제 파일] 폴더에서 [8강 우리집 달력.xlsx] 파일을 불러온 후 아래 화면과 같이 서식을 지정해 보세요.

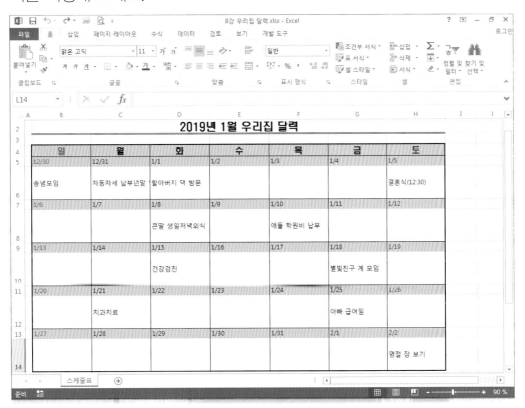

 HINT

- 제목[B2:H2]에 [병합하고 가운데 맞춤], [글꼴:HY헤드라인M], [크기:18]
- 표 [B4:H14] 전체를 화면과 같이 테두리 지정
- 요일 [B4:H4]에 [가운데 맞춤], [글꼴 : HY헤드라인M], [글꼴 크기:14], [글꼴 색:빨강(일), 파랑(토)] 지정
- [B4:H4]까지 [채우기 색]을 그림과 같이 지정
- [B5:H5], [B7:H7], [B9:H9], [B11:H11], [B13:H13]까지 [날짜 표시 형식:월/일] 지정, [왼쪽 맞춤]
- [B5:H5], [B7:H7], [B9:H9], [B11:H11], [B13:H13]까지 그림과 같이 [채우기 색]을 지정

CHAPTER 09

쉽게 배우는 계산식

9강에서는 엑셀의 연산자 종류와 연산에서 반드시 참고해야 할
셀 참조 방식에 대해서 알아보도록 하겠습니다.

**완성화면
미리보기**

	A	B	C	D	E	F	G	H	I
1									
2			땡땡이 가족 1분기 가계 지출현황						
3						총합계:	6350310		
4		번호	항목	1월	2월	3월	합계	평균	
5		1	통신비	250000	245000	255000	750000	250000	
6		2	주유비	350000	290000	450000	1090000	363333.3	
7		3	식　대	568740	547850	458720	1575310	525103.3	
8		4	관리비	210000	220000	190000	620000	206666.7	
9		5	경조비	200000	600000	150000	950000	316666.7	
10		6	교육비	450000	445000	470000	1365000	455000	
11			월총계						
12			월평균						
13			최대값						
14			최소값						
15									

**여기서
배워요!** 셀 참조 방식, 연산자 종류, 기본 계산식

STEP 1 연산자로 월별 합계 구하고 반복되는 월별 합계 복사하기

1 ······ [예제 파일] 폴더에서 [9강 야유회.xlsx] 파일을 불러옵니다. '지출현황' 시트
의 [G5] 셀을 클릭한 후 '=D5+E5+F5'를 입력하고 Enter↵를 누릅니다. 더한
셀이 합산되어 '750000'가 나타납니다.

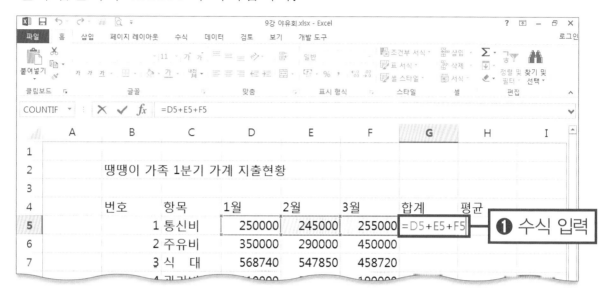

 수식에서는 해당 셀 주소 값을 입력하는 대신 셀을 클릭해도 됩니다. 즉, '='을 입력하고 [D5] 셀을 클릭한 다음 '+' 입력, [E5] 셀 클릭한 후 '+' 입력, 마지막으로 [F5] 셀 클릭하고 Enter↵를 눌러도 됩니다.

2 ······ 통신비에서 교육비까지 합계 구하는 식이 동일하므로 [자동 채우기]로 통신비
의 계산식을 복사하면 됩니다. [G5] 셀에 마우스 포인터를 갖다 댄 후 [자동
채우기 핸들](+)이 나타나면 [G10] 셀까지 드래그하여 수식을 복사합니다. 항
목들의 합계가 나타납니다.

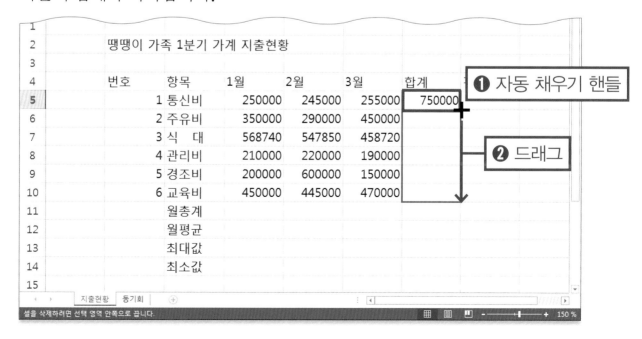

조금 더 배우기

① 엑셀에서 수식과 함수는 반드시 '='로 시작해야 합니다.
　예시) =D5+E5+F5
　　　　=SUM(D5:F5)

② 수식에서 사용되는 연산자는 아래와 같습니다.

산술연산자

더하기	빼기	곱하기	나누기
+	-	*	/

비교연산자

같다	같지 않다	크다	작다	크거나 같다	작거나 같다
=	〈〉	〉	〈	〉=	〈=

문자열연산자

문자열 결합연산자	사용 예	결과
&	="서울시 "&"중구 "&"덕수궁 길"	서울시 중구 덕수궁 길

③ **참조 방식** : 엑셀 수식의 특징은 반복되는 수식을 복사할 수 있다는 것입니다. 이때 수식이 복사될 때 참조되는 셀 주소가 변화되어 상대 참조, 절대 참조, 혼합 참조로 나누어지게 됩니다.

상대 참조	정의	수식이 입력되는 기준 셀에 따라 참조되는 셀이 변경되는 경우
	행태	열행　예시) A5, G10
	특징	수식을 자동 채우기로 복사하면 드래그하는 방향에 따라 열 또는 행 값이 증가 또는 감소합니다.
절대 참조	정의	수식이 입력되는 기준셀에 상관없이 고정된 주소가 수식에 복사되는 경우
	형태	$열$행　예시) $A$5, $G$10
	특징	수식을 자동 채우기로 복사하면 드래그하는 방향과 상관없이 동일한 셀 주소가 복사됩니다.
혼합 참조	정의	수식이 입력되는 기준셀에 따라 열 또는 행 하나만 변경되는 경우
	형태	$열행 또는 열$행 예시) $A5, A$5
	특징	수식을 자동 채우기로 복사하면 드래그하는 방향에 따라 열만 변경되거나 행만 변경되는 경우입니다.

연산자로 월별 평균과 전체 가계 지출 합 구하기

3 ...... [H5] 셀을 클릭하여 '=G5/3'을 입력한 다음 [자동 채우기 핸들](+)을 [H10] 셀까지 드래그하여 수식을 복사합니다. 항목들의 평균이 나타납니다.

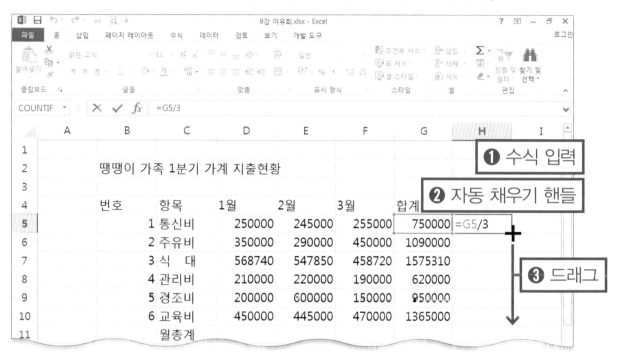

4 ...... [F3] 셀을 클릭한 다음 '총 합계 :'를 입력합니다. 이후 [G3] 셀을 클릭하여 '=G5+G6+G7+G8+G9+G10'을 입력하고 Enter↵를 누릅니다. 총 합계 값이 나타납니다.

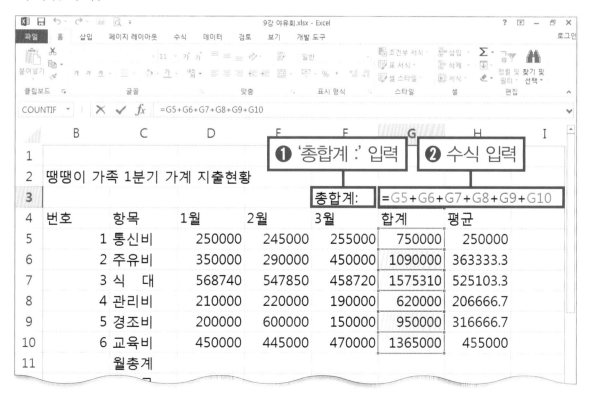

5 ‥‥‥ 전체 가계 지출 합[G3]에 대하여 항목별 합계[G5:G10]의 차지율을 구하기 위해 [I4] 셀을 클릭한 후 '차지율'을 입력합니다. 이후 [I5] 셀을 클릭하여 '=G5/\$G\$3'을 입력한 다음 [자동 채우기 핸들](+)을 [I10] 셀까지 드래그하여 수식을 복사합니다.

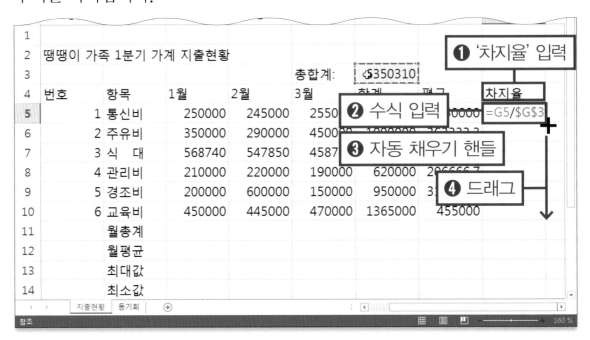

차지율 수식 분모에 \$를 붙여 절대 참조로 정의하는 이유는 '통신비'에서 '교육비'까지 분모(\$G\$13)가 동일해야 하기 때문입니다.

6 ‥‥‥ 아래 화면처럼 항목별 차지율이 구해진 것을 확인할 수 있습니다.

1							
2	땡땡이 가족 1분기 가계 지출현황						
3					총합계:	6350310	
4	번호	항목	1월	2월	3월	합계	평균	차지율
5	1	통신비	250000	245000	255000	750000	250000	0.118104
6	2	주유비	350000	290000	450000	1090000	363333.3	0.171645
7	3	식 대	568740	547850	458720	1575310	525103.3	0.248068
8	4	관리비	210000	220000	190000	620000	206666.7	0.097633
9	5	경조비	200000	600000	150000	950000	316666.7	0.149599
10	6	교육비	450000	445000	470000	1365000	455000	0.21495
11		월총계						
12		월평균						
13		최대값						
14		최소값						

지출현황 | 동기회

준비   평균: 0.166666667   개수: 6   합계: 1   160 %

누구나 할 수 있는 함수

POINT

엑셀은 연산자와 함수를 제공하기에 계산을 쉽게 할 수 있다는 장점을 가지고 있으나, 대부분의 엑셀 사용자는 함수를 어려워합니다. 엑셀은 수학적 지식과 논리적 사고를 필요로 하는 어려운 함수도 있으나 일반 사용자들이 손쉽게 사용할 수 있는 쉬운 함수도 많습니다. 여기서는 손쉽게 사용할 수 있는 함수에 대해서 알아보도록 하겠습니다.

완성화면
미리보기

B	C	D	E	F	G	H	I
1							
2	땡땡이 가족 1분기 가계 지출현황						
3				총합계:	6350310		
4	번호	항목	1월	2월	3월	합계	평균	차지율
5	1	통신비	250000	245000	255000	750000	250000	0.118104
6	2	주유비	350000	290000	450000	1090000	363333.3	0.171645
7	3	식 대	568740	547850	458720	1575310	525103.3	0.248068
8	4	관리비	210000	220000	190000	620000	206666.7	0.097633
9	5	경조비	200000	600000	150000	950000	316666.7	0.149599
10	6	교육비	450000	445000	470000	1365000	455000	0.21495
11		월총계	2028740	2347850	1973720	6350310		
12		월평균	338123.3	391308.3	328953.3	1058385		
13		최대값	568740	600000	470000	1575310		
14		최소값	200000	220000	150000	620000		

지출현황 동기회

여기서
배워요! 함수 사용법, SUM 함수, AVERAGE 함수, MAX 함수, MIN 함수

STEP 1 SUM 함수로 월 총계 구하기

1 ˙˙˙˙˙ [예제 파일] 폴더에서 [10강 야유회.xlsx] 파일을 불러옵니다. [D11] 셀을 클릭한 후 [홈] 탭–[편집] 그룹에서 [자동 합계](∑·) 목록 버튼(▼)을 클릭하여 [합계]를 클릭합니다. [D11] 셀에 '=SUM(D5:D10)'이 입력된 것을 확인한 후 Enter⏎를 누릅니다.

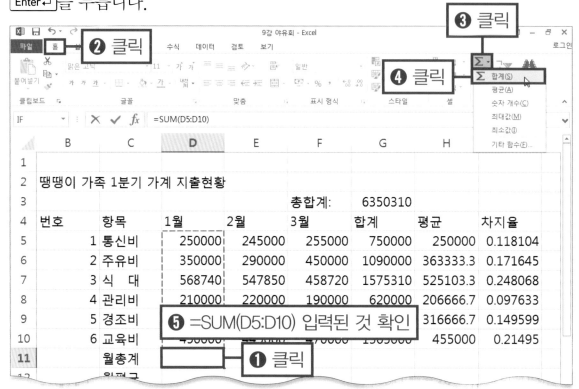

2 ˙˙˙˙˙ '1월'의 '월 총계'가 구해진 것을 확인할 수 있습니다.

	B	C	D	E	F	G	H	I
1								
2	땡땡이 가족 1분기 가계 지출현황							
3					총합계:	6350310		
4	번호	항목	1월	2월	3월	합계	평균	차지율
5	1	통신비	250000	245000	255000	750000	250000	0.118104
6	2	주유비	350000	290000	450000	1090000	363333.3	0.171645
7	3	식 대	568740	547850	458720	1575310	525103.3	0.248068
8	4	관리비	210000	220000	190000	620000	206666.7	0.097633
9	5	경조비	200000	600000	150000	950000	316666.7	0.149599
10	6	교육비	450000	445000	470000	1365000	455000	0.21495
11		월총계	2028740					
12		월평균						
13		최대값						
14		최소값						

STEP 2 AVERAGE 함수로 월 평균 구하기

3 [D12] 셀을 클릭한 후 [홈] 탭-[편집] 그룹에서 [자동 합계](Σ) 목록 버튼(▼)을 클릭하여 [평균]을 클릭합니다. [D12] 셀에 '=AVERAGE(D5:D11)'로 입력된 인수를 '=AVERAGE(D5:D10)'으로 변경하고 Enter↵를 누릅니다. '1월'의 '월평균'이 구해진 것을 확인할 수 있습니다.

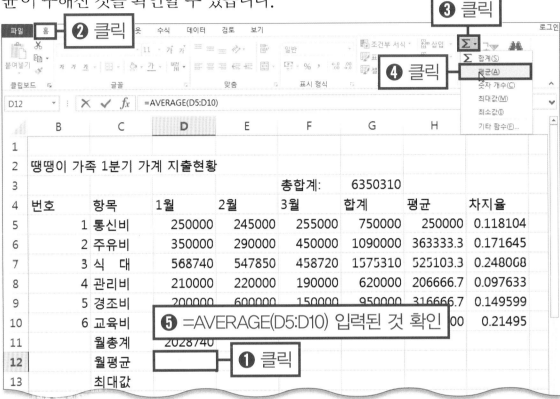

STEP 3 MAX 함수로 월 최대값 구하기

4 [D13] 셀의 최대값을 '=MAX(D5:D10)' 라고 직접 입력하고 Enter↵를 누릅니다. 최대값이 구해진 것을 확인할 수 있습니다.

			1월	2월	3월	합계	평균	차지율
5	1	통신비	250000	245000	255000	750000	250000	0.118104
6	2	주유비	350000	290000	450000	1090000	363333.3	0.171645
7	3	식 대	568740	547850	458720	1575310	525103.3	0.248068
8	4	관리비	210000	220000	190000	620000	206666.7	0.097633
9	5	경조비	200000	600000	150000	950000	316666.7	0.149599
10	6	교육비	450000	445000	470000	1365000	455000	0.21495
11		월총계						
12		월평균	338123.3					
13		최대값						
14		최소값						

❷ =MAX(D5:D10) 입력 후 Enter↵

❶ 클릭

MIN 함수로 월 최소값 구하기

5 ‥‥‥ [D14] 셀의 최소값을 '=MIN(D5:D10)'라고 직접 입력하고 Enter↵를 누릅니다. 최소값이 구해진 것을 확인할 수 있습니다.

	B	C	D	E		G	H	
1								
2	땡땡이 가족 1분기 가계 지출현황							
3					총합계:	6350310		
4	번호	항목	1월	2월	3월	합계	평균	차지율
5	1	통신비	250000	245000	255000	750000	250000	0.118104
6	2	주유비	350000	290000	450000	1090000	363333.3	0.171645
7	3	식　대	568740	547850	458720	1575310	525103.3	0.248068
8	4	관리비	210000	220000	190000	620000	206666.7	0.097633
9	5	경조비	200000	600000	150000	950000	316666.7	0.149599
10	6	교육비	450000	445000	470000	1365000	455000	0.21495
11		월총계	2028740					
12		월평균	❷ =MIN(D5:D10) 입력 후 Enter↵					
13		최대값	568740					
14		최소값	❶ 클릭					

지출현황 동기회

편집 160 %

'3월'까지 '월 총계'부터 '최소값' 수식 복사하기

6 ‥‥‥ [D11:D14] 셀까지 드래그한 후 [자동 채우기 핸들](+)을 사용해 [F11:F14] 셀까지 드래그하여 수식을 복사합니다. '1월'에서 '3월'까지의 '월 총계'에서 '최소값'까지의 데이터가 구해진 것을 확인할 수 있습니다.

2	땡땡이 가족 1분기 가계 지출현황							
3					총합계:	6350310		
4	번호	항목	1월	2월	3월	합계	평균	차지율
5	1	통신비	250000	245000	255000	750000	250000	0.118104
6	2	주유비	350000	290000	450000	1090000	363333.3	0.171645
7	3	식　대	568740	547850	458720	1575310	525103.3	0.248068
8	4	관리비	210000	220000	190000	620000	206666.7	0.097633
9	5	경조비	200000	600000	150000	950000	316666.7	0.149599
10	6	교육비	450000	445000	470000	1365000	455000	0.21495
11		월총계	2028740					
12		❶ 드래그	338123.3					
13			568740					
14		최소값	200000					
15								

지출현황 동기회 ❷ 자동 채우기 핸들 ❸ 드래그

셀을 삭제하려면 선택 영역 안쪽으로 끕... 33 160 %

동창회 야유회 결산하기

동창회 야유회 결산서에 배운 수식, 함수, 서식을 정리해 보도록 하겠습니다.

완성화면
미리보기

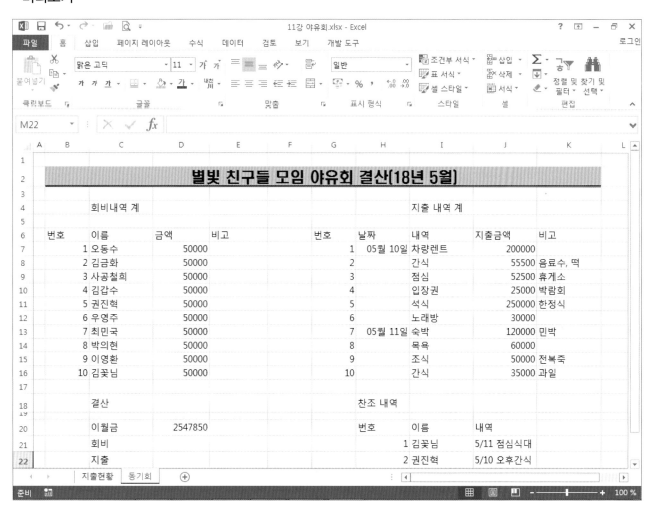

여기서
배워요!   생활 문서에 사용되는 함수와 서식

제목 꾸미기

1 ······ [예제 파일] 폴더에서 [11강 야유회.xlsx] 파일을 불러옵니다. '동기회' 시트에서 [B2:K2] 셀까지 드래그한 후 [병합하고 가운데 맞춤]을 클릭합니다. 서식은 [글꼴:HY헤드라인M], [글꼴 크기:18], [굵게], [채우기 색:파랑 강조1 40% 더 밝게], [아래쪽 이중 테두리]를 지정합니다.

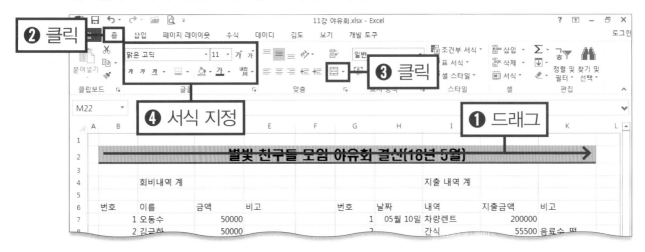

STEP 2 **표 테두리 넣기**

2 ······ [B6:E16] 셀을 드래그 한 후 [홈] 탭-[글꼴] 그룹-[테두리]에서 [모든 테두리]와 [굵은 상자 테두리]를 지정합니다.

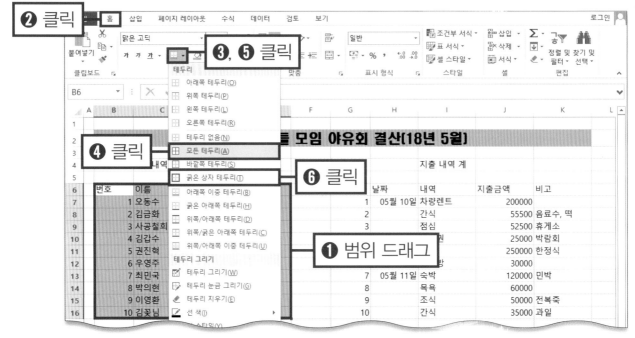

 떨어져 있는 범위를 동시에 선택해야 하는 경우 Ctrl 을 누른 상태로 범위를 드래그하여 선택합니다.

3 ┄┄┄┄ [G6:K16] 셀도 [홈] 탭-[글꼴] 그룹-[테두리]에서 [모든 테두리]와 [굵은 상자 테두리]를 지정합니다. [C4:D4], [I4:J4],[C20:D23], [H20:J23]들도 동일하게 테두리를 지정합니다.

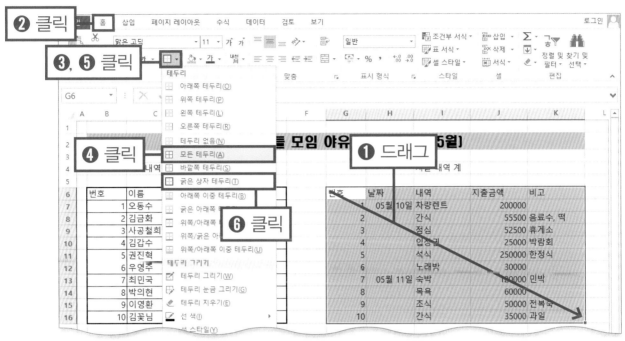

조금 더 배우기 표 [C4:D4], [I4:J4], [C20:D23], [H20:J23]을 Ctrl를 누르고 드래그하여 선택하면 동일한 서식을 한 번에 적용할 수 있습니다.

4 ┄┄┄┄ [B6:E6] 셀을 드래그한 후 [홈] 탭-[글꼴] 그룹-[테두리]에서 [아래쪽 이중 테두리]로 지정합니다. [G6:K6], [C18:D18], [H18:J18], [H20:J20] 셀들도 동일하게 테두리를 지정합니다.

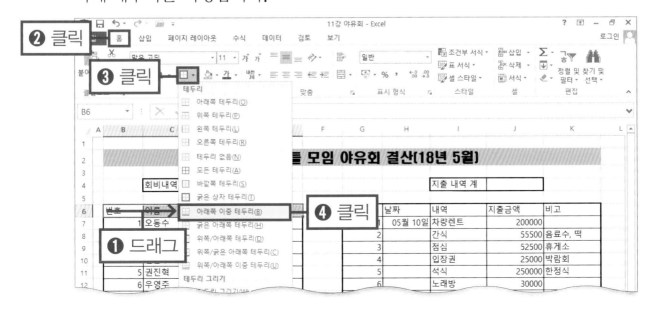

5 ····· '동기회' 시트에 [B6:E6] 셀을 드래그하여 [홈] 탭-[맞춤] 그룹-[가운데 맞춤]을 지정합니다. [C4], [I4], [B7:B16], [G6:K6], [G7:H16], [H20:J20], [H21:I23] 셀도 동일하게 서식을 지정합니다.

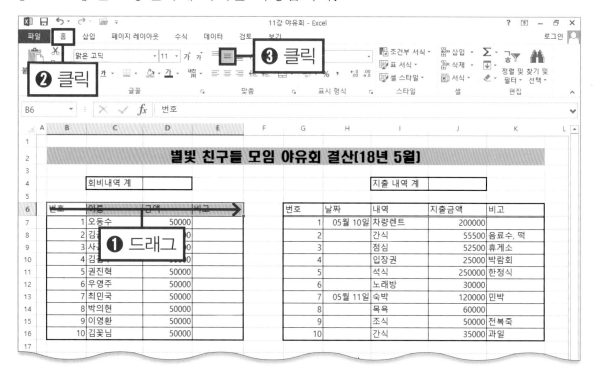

6 ····· [C18:D18] 셀을 드래그 하여 [홈] 탭-[맞춤] 그룹-[병합하고 가운데 맞춤]을 지정합니다. [H18:J18] 셀도 동일하게 서식을 지정합니다.

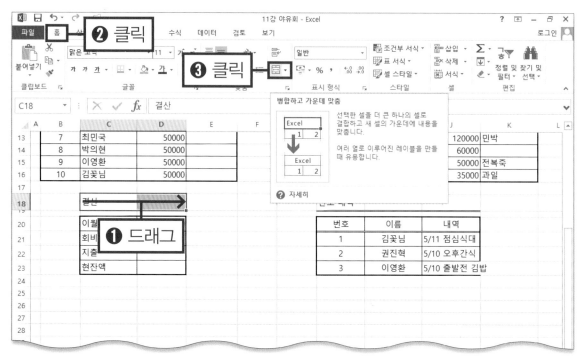

7 ..... [C7:C16] 셀 드래그 한 후 [마우스 오른쪽 버튼]을 눌러 [셀 서식]을 클릭합니다. [맞춤]–[가로]에서 [균등 분할 맞춤]을 선택하고 [들여쓰기] 값을 '1'을 입력한 후 [확인]을 누릅니다. [I7:I16], [C20:C23] 셀도 동일하게 서식을 지정합니다.

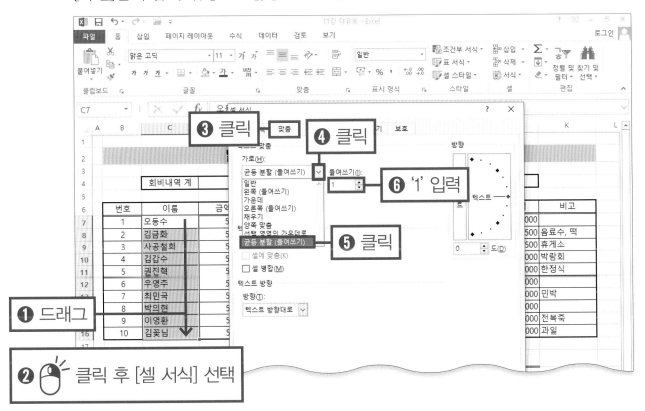

STEP 4 채우기 서식 사용하기

8 ..... [B18:E25] 셀까지 드래그한 후 [홈] 탭–[글꼴] 그룹의 [채우기 색](🖌)의 목록 단추(▼)를 클릭하여 색상을 지정합니다.

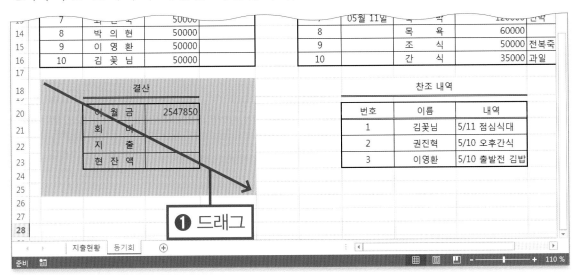

9 [D7:D16] 셀까지 드래그한 후 [홈] 탭-[표시 형식] 그룹에서 [쉼표 스타일](,)을 클릭합니다.

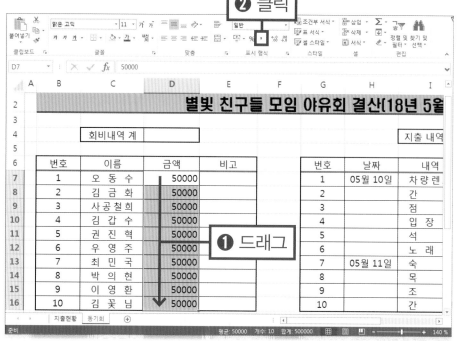

 [홈] 탭-[표시 형식] 그룹에는 [쉼표 스타일] 외에도 [회계 표시 형식], [백분율 스타일], [자리수 늘림], [자리수 줄임] 등이 있습니다. 더 많은 표시 형식은 [셀 서식]의 [표시 형식]에서 지정하면 됩니다(6강 조금 더 배우기 참고).

10 [D7:D16] 셀까지 천 단위마다 구분 기호가 표시된 것을 확인할 수 있습니다. [J7:J16], [D20:D23] 셀도 각각 드래그해서 [쉼표 스타일]을 적용합니다.

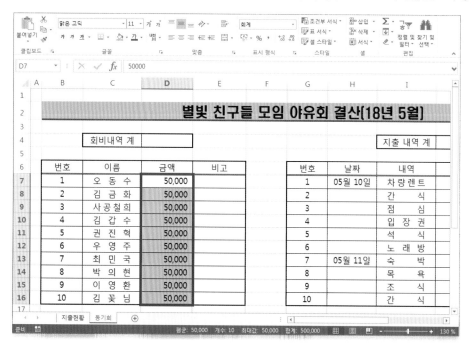

11 .... [H7:H16] 셀까지 드래그한 후 [마우스 오른쪽 버튼]을 클릭한 다음 [셀 서식]을 클릭합니다.

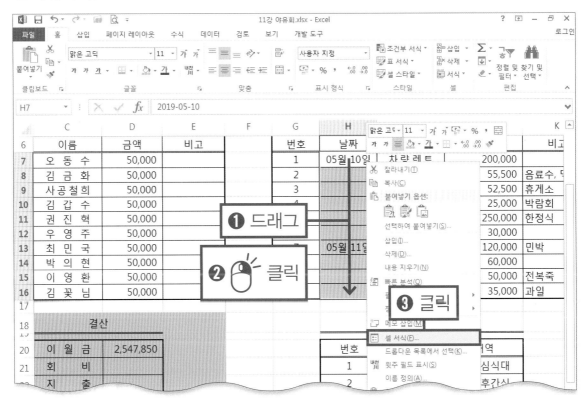

12 .... '셀 서식' 대화 상자가 나타나면 [표시 형식]-[날짜]를 차례대로 클릭한 다음 형식에서 [3/14]를 클릭하고, [확인] 버튼을 클릭합니다.

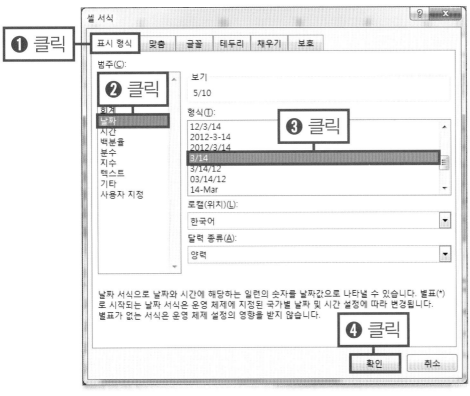

13 **** [H7:H16] 셀에 변경된 날짜 형식을 확인할 수 있습니다.

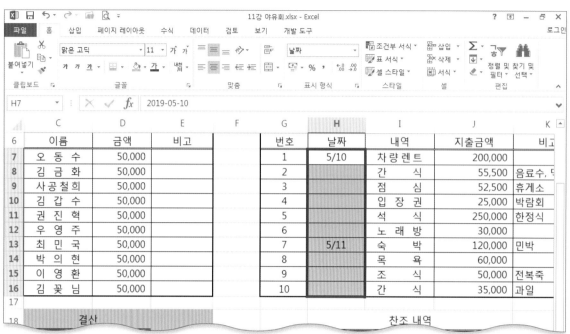

STEP 7   SUM 함수로 '회비 내역계', '지출 내역계' 구하기

14 **** [D4] 셀을 클릭한 후 [홈] 탭-[편집] 그룹에서 [자동 합계](Σ▾)의 목록 단추 (▼)를 클릭한 다음 [합계]를 클릭합니다. 이후 [D7:D16] 셀까지 드래그하고 Enter↵를 누릅니다.

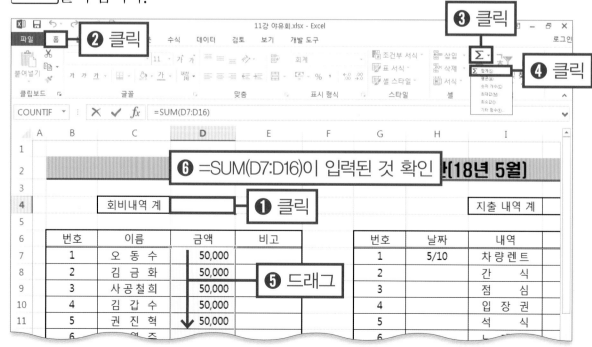

15 ···· [D4] 셀에 '500,000'이 구해진 것을 확인할 수 있습니다.

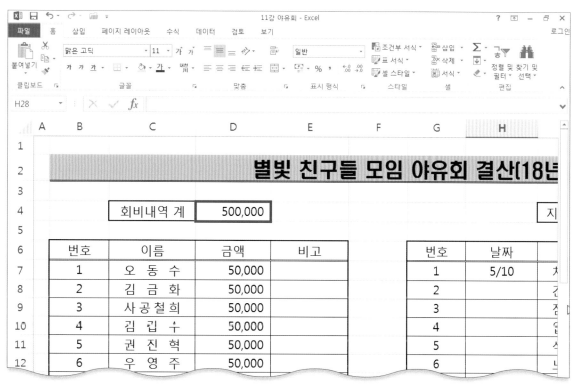

16 ···· 이번에는 [J4] 셀을 클릭한 후 [홈] 탭-[편집] 그룹에서 [자동 합계](Σ ·)의 목록 단추(▼)를 클릭한 다음 [합계]를 클릭합니다. 이후 [J7:J16] 셀까지 드래그하고 Enter↲를 누릅니다.

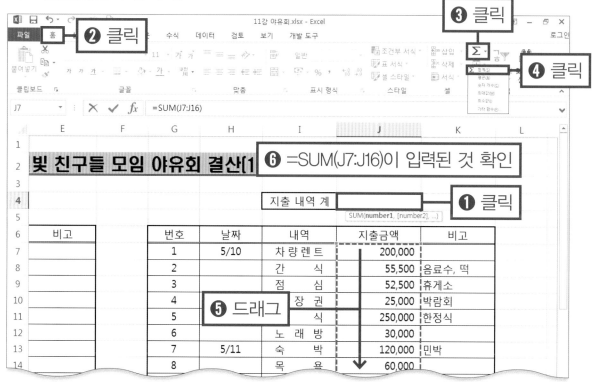

17 회비 합계를 가져오기 위해 [D21] 셀을 클릭한 후 '='을 입력한 다음 [D4] 셀을 클릭하고 Enter↵를 누릅니다. [D21] 셀에 '회비' 계가 구해진 것을 확인할 수 있습니다. 이번에는 [D22] 셀을 클릭한 후 '='을 입력한 다음 [J4] 셀을 클릭하고 Enter↵를 누릅니다. '지출' 계가 구해집니다.

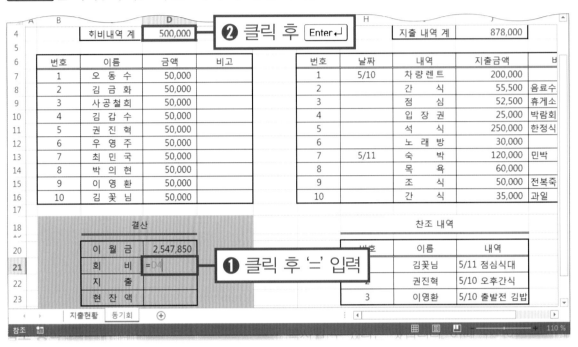

18 [D23] 셀을 클릭한 후 '=D20+D21-D22'를 입력하고 Enter↵를 누릅니다. '현 잔액'이 구해진 것을 확인할 수 있습니다.

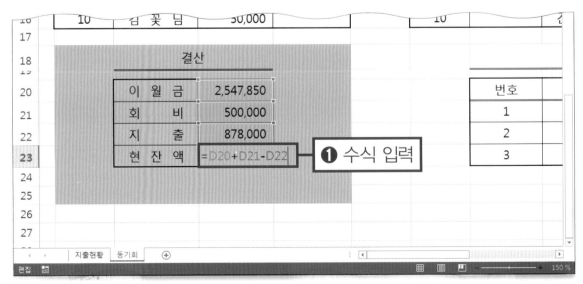

CHAPTER 12
동창회 야유회 인쇄하기

이번 단원에서는 인쇄 관련 메뉴들을 익혀
동창회 야유회 결산서를 인쇄하도록 하겠습니다.

완성화면
미리보기

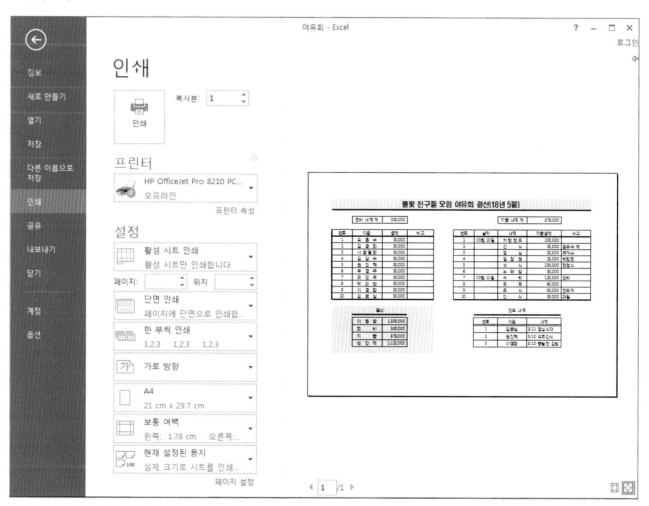

여기서
배워요! 인쇄 미리 보기, 인쇄 설정, 인쇄

인쇄 전 화면으로 미리 보기

1 ..... [예제 파일] 폴더에서 [12강 야유회.xlsx] 파일을 불러옵니다. [파일] 탭-[인쇄]를 클릭합니다. 미리 보기 창에 가로로 긴 내용을 가진 '야유회 결산서' 페이지가 2페이지로 나눠져 있는 것을 확인할 수 있습니다.

❶ 클릭

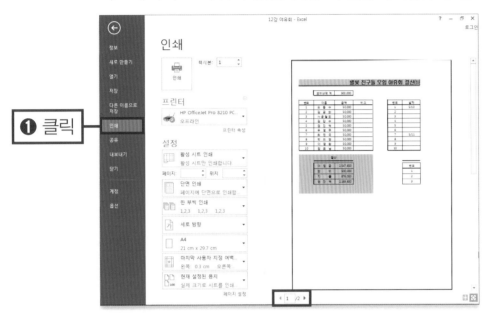

용지의 방향은 세로 설정이 기본입니다.

조금 더 배우기

STEP 2 용지 방향은 가로로, 문서의 좌/우 여백 설정하기

2 ..... '설정' 목록에서 [세로 방향]을 클릭한 후 [가로 방향]을 클릭합니다. 용지가 가로 방향으로 변경되면서 한 페이지에 내용이 모두 나오는 것을 확인할 수 있습니다.

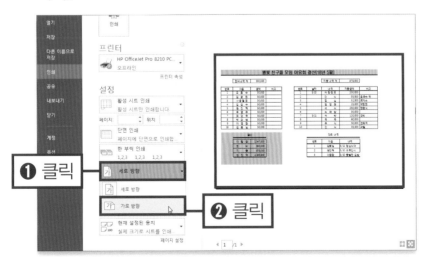
❶ 클릭   **❷ 클릭**

3 ‧‧‧‧ 이번에는 [사용자 지정 여백]을 클릭한 후 [사용자 지정 여백(A)]을 클릭합니다. [왼쪽]과 [오른쪽] 여백을 아래와 같이 각각 '1.8'을 입력합니다.

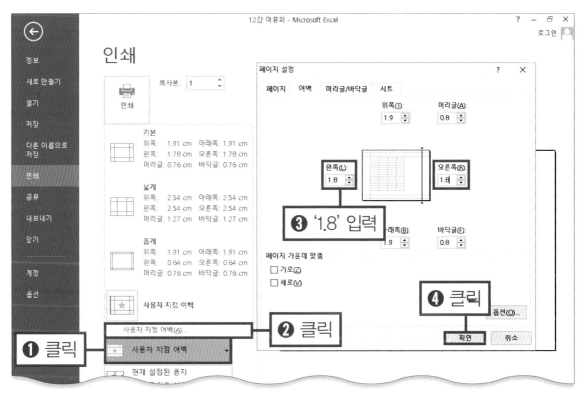

 '왼쪽/오른쪽' 여백을 동일하게 설정해도 페이지 가운데 인쇄가 되지 않는다면, '페이지 가운데 맞춤' 목록에서 [가로]를 클릭합니다.

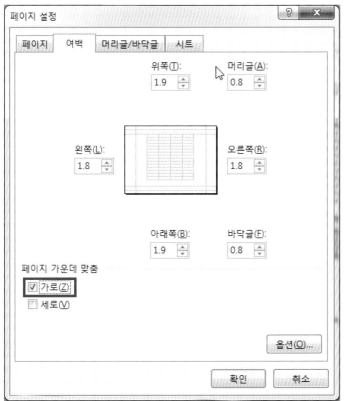

4 ⁚⁚⁚⁚⁚ [예제 파일] 폴더에서 [12강 별빛친구 연락처.xlsx] 파일을 불러옵니다. [파일] 탭-[인쇄]를 클릭합니다. 미리 보기 창을 확인하면 가로 폭이 1페이지를 조금 벗어난 것을 확인할 수 있습니다.

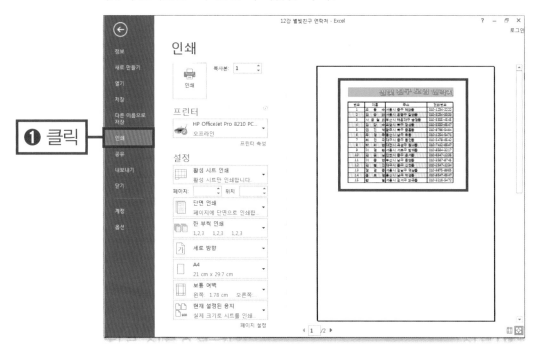

5 ⁚⁚⁚⁚⁚ '설정' 목록에서 [페이지 설정]을 클릭합니다. '페이지 설정' 대화상자가 나타나면 [페이지] 탭-[배율] 목록에서 [자동 맞춤]의 [용지 너비] 값을 '1'로 지정하고 [확인] 버튼을 클릭합니다.

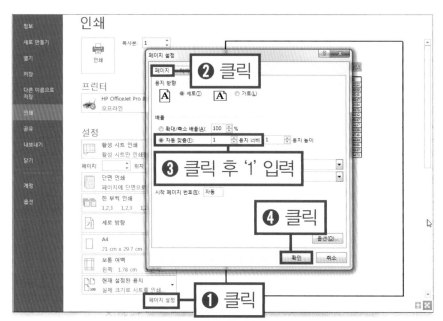

조금 더 배우기 '용지 너비'를 지정하면 '용지 너비'가 축소된 비율만큼 '용지 높이'도 자동으로 축소됩니다.

6 ..... 화면처럼 가로가 맞춰져 표가 1페이지로 설정된 것을 확인할 수 있습니다.

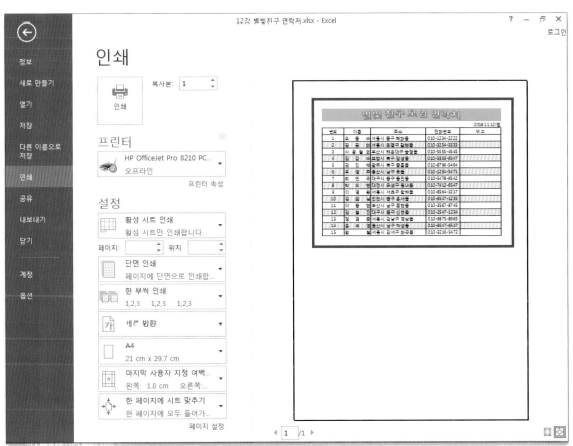

 가로로 가운데 맞춤이 되지 않는다면 [페이지 설정]-[여백]에서 [페이지 가운데 맞춤]에 [가로]를 클릭합니다.

혼자서도 만들 수 있어요!

1 [예제 파일] 폴더에서 [12강 우리집 달력.xlsx] 파일을 불러온 후 1페이지 안에 내용이 보이도록 설정해 보세요.

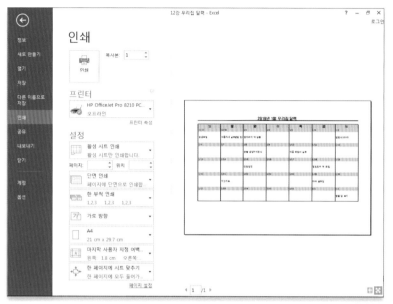

HINT [파일]-[인쇄]에 '설정' 목록에서 [페이지 설정]을 클릭, [페이지] 탭-[배율] 목록에서 [자동 맞춤]의 [용지 너비] 값을 '1'로 지정

2 왼쪽/오른쪽 여백을 '2'로 설정하세요.

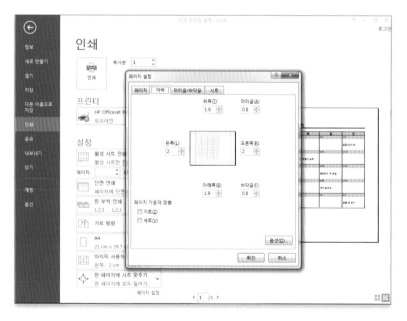

HINT [파일]-[인쇄]에 '설정' 목록에서 [여백]을 클릭, [왼쪽], [오른쪽] 값을 각각 '2'로 지정

CHAPTER 13 가계부로 함수 달인되기

여기서는 수식과 함수로 가계부 예제를 만들어 보겠습니다. 가계부를 작성하는
방식은 소상공인들이 사용하는 수입과 지출 현황표와 동일합니다. 따라서 이번 예제를
사용 용도에 따라 가계부와 수입과 지출 현황표로 구분해서 사용해 보도록 하세요.

완성화면
미리보기

번호	날짜	분류		적요	수입	지출	잔액
		합	계		7,086,000	5,320,500	1,765,500
1	01-01	수	입	이월금	556,000		556,000
2		식	대	년초 가족 식사		150,000	406,000
3	01-02	교 육	비	학원비(큰아들영어)		350,000	56,000
4		교 육	비	학원비(딸 영어)		330,000	-274,000
5		주 유	비	차량주유비(아빠)		50,000	-324,000
6	01-03	식	대	부식재료 구입		235,000	-559,000
7	01-05	융 자	금	융자상환금		558,170	-1,117,170
8	01-08	주 유	비	차량주유비(아빠)		500,000	-1,617,170
9		식	대	쌀, 부식재료		255,000	-1,872,170
10	01-13	주 유	비	차량주유비(아빠)		100,000	-1,972,170
11	01-15	교 육	비	학원비(큰아들수학)		350,000	-2,322,170
12		교 육	비	학원비(딸 수학)		300,000	-2,622,170
13		수	입	급여(엄마)	2,750,000		127,830
14	01-16	경 조	비	축의금(아빠후배)		100,000	27,830

여기서 배워요!

수식 활용, 함수 활용

1 [예제 파일]에서 [13강 꽁꽁이네 가계부.xlsx]를 불러 와서 '1월' 시트를 클릭합니다. 시트 이월금은 항상 첫 행에 표시되도록 하기 위해 [H5] 셀을 클릭한 후 '=F5'을 입력하고 Enter↵를 누릅니다.

 '=F5'를 입력을 해도 되지만 '='을 입력한 후 [F5] 셀을 클릭하면 '=' 다음에 셀 주소가 자동으로 기록됩니다.

2 [H5] 셀에 구해진 이월금의 잔액을 확인할 수 있습니다.

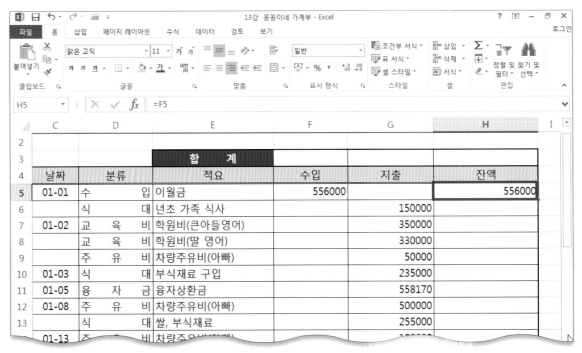

가계부 잔액 구하기

3 ...... 이월금을 제외한 나머지 행들의 잔액은 '이전 행의 잔액+현재 행의 수입-현재 행의 지출' 수식을 사용하면 됩니다. '1월' 시트의 [H6] 셀을 클릭한 후 '=H5+F6-G6'를 입력한 다음 Enter↵를 누릅니다.

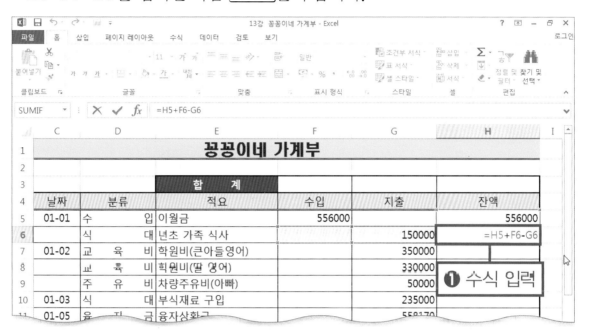

조금 더 배우기

같은 행에 '수입'과 '지출'이 들어오는 경우는 없지만, 향후 양식을 그대로 사용할 때 수입과 지출이 종전 행에 입력된 자리에 그대로 입력된다는 보장이 없기에 잔액을 구하는 공통식은 ' =이전 행 잔액+현재 행 수입-현재 행 지출'로 작성하도록 합니다.

4 ...... 계산된 잔액 값을 확인할 수 있습니다. [자동 채우기 핸들](+)을 사용하여 [H29] 셀까지 드래그해 수식을 복사합니다.

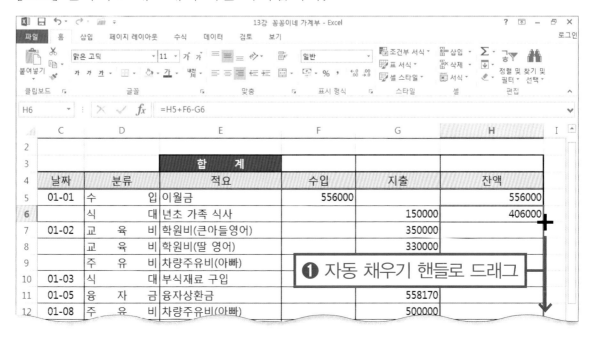

① 수식을 [자동 채우기 핸들]로 복사하면 수식만 복사되는 것이 아니라 서식까지 같이 복사됩니다. 따라서 [H5] 셀의 수식을 복사할 때 아래쪽 테두리 서식까지 복사가 되어 [H29] 셀의 아래쪽 테두리가 가는 실선으로 바뀌게 됩니다.

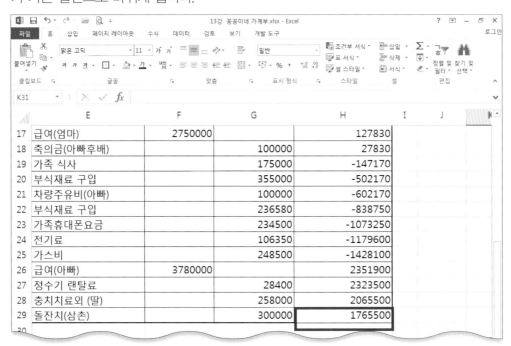

② 서식을 바꾸지 않고 수식을 복사하려면 [자동 채우기 핸들](+)로 수식을 드래그하여 복사할 때 나타나는 [자동 채우기 옵션] (▦·) 버튼을 클릭하여 [서식 없이 채우기]를 클릭합니다. [H29] 셀의 수식은 복사되었지만 [아래쪽 테두리가 굵은 선]은 그대로인 것을 확인할 수 있습니다.

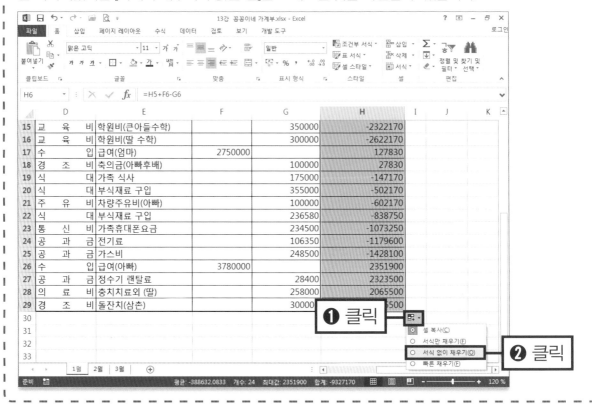

5 ...... '1월' 시트의 [F3] 셀을 클릭한 후 [홈] 탭-[편집]그룹에서 [자동 합계](∑ˇ)를 클릭한 다음 [F5:F29] 셀까지 드래그한 후 Enter↵를 누릅니다. 수입의 합계가 구해진 것을 확인할 수 있습니다.

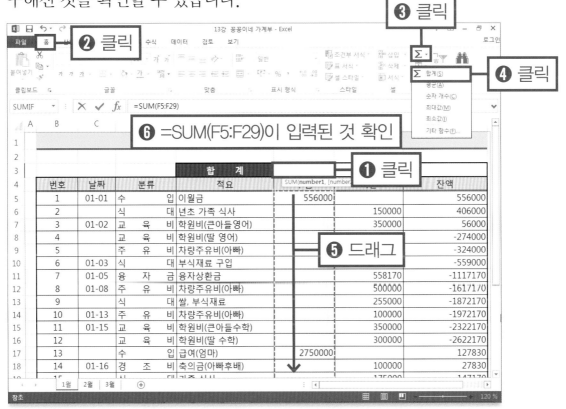

6 ...... [F3] 셀의 수식을 [자동 채우기 핸들](+)를 사용해 오른쪽으로 드래그하여 지출의 총합[G3]도 구합니다.

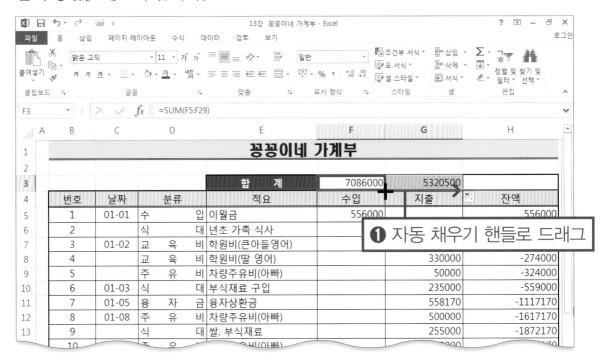

STEP 4 총 잔액 구하기

7 ...... [H3] 셀을 클릭한 후 '=F3−G3'을 입력한 다음 Enter⏎ 를 누릅니다.

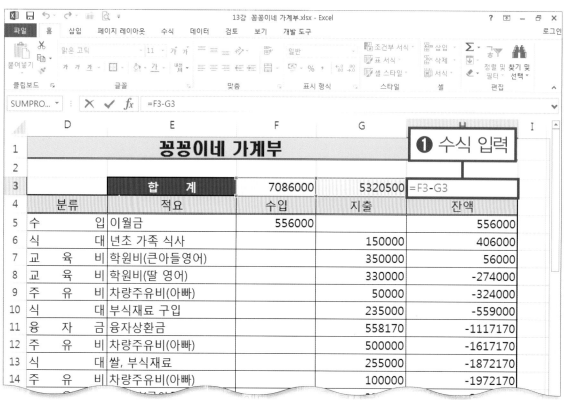

8 ...... '현 잔액'이 구해진 것을 확인할 수 있습니다.

음수 값을 '– 1234'로 표시 되도록 [표시 형식]을 지정해 보겠습니다.

① '1월' 시트에서 떨어진 범위를 선택하기 위해 [F3:H3] 셀까지 드래그한 후 Ctrl을 누른 상태로 [F5:H29] 까지 드래그합니다.

② [마우스 오른쪽 버튼]을 누른 후 '셀 서식'을 클릭합니다. '셀 서식' 대화상자가 나타나면 [표시 형식]–[숫자]를 클릭합니다. [음수]에서 마지막에 있는 [–1234]를 클릭하고 [확인] 버튼을 클릭합니다.

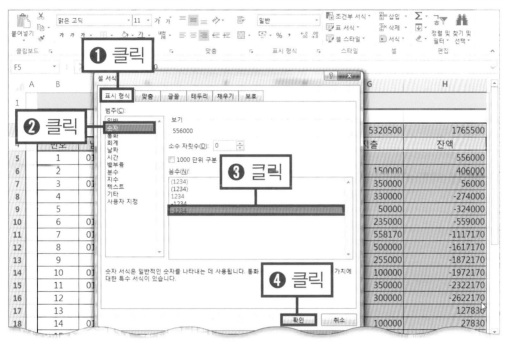

③ 아래와 같이 '잔액' 항목이 음수 표시 형식으로 지정된 것을 확인할 수 있습니다.

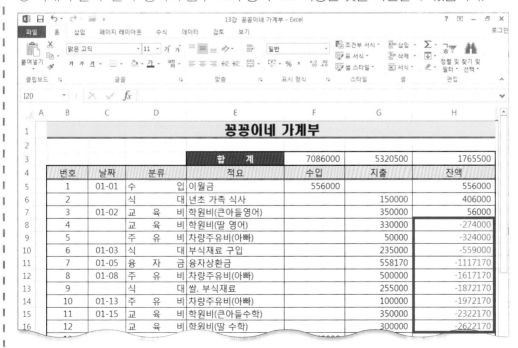

가계부로 함수 응용하기

이번 단원에서는 SUMIF 함수와 COUNTIF 함수를 이용해서

분류별 소계를 구하도록 하겠습니다.

완성화면
미리보기

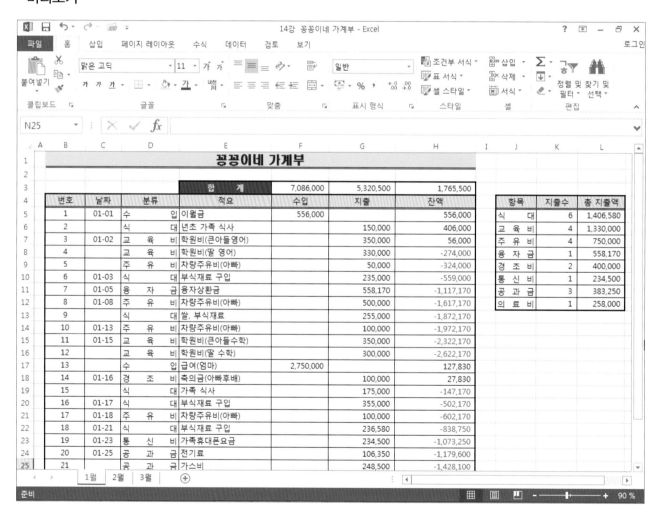

여기서
배워요! 중복 데이터 제거, SUMIF 함수, COUNTIF 함수

STEP 1 항목리스트를 만들기 위해 분류 항목 복사하기

1 ..... [예제 파일] 폴더에서 [14강 꽁꽁이네 가계부]를 불러 옵니다. '1월' 시트 [J4] 셀에 문자 데이터 '항목'을 입력하고 [D5:D29] 셀을 드래그 한 후 Ctrl과 C를 눌러 복사를 합니다. [J5] 셀을 클릭하여 Ctrl와 V를 눌러 붙여넣기 합니다.

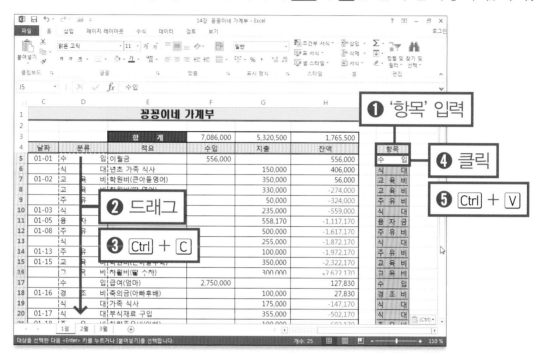

STEP 2 항목리스트를 만들기 위한 중복 데이터 제거

2 ..... [J4:J29] 셀까지 드래그 한 후 [데이터] 탭–[데이터 도구] 그룹에서 [중복된 항목 제거]를 클릭하여 '항목'이 선택된 것을 확인하고 [확인] 버튼을 클릭합니다.

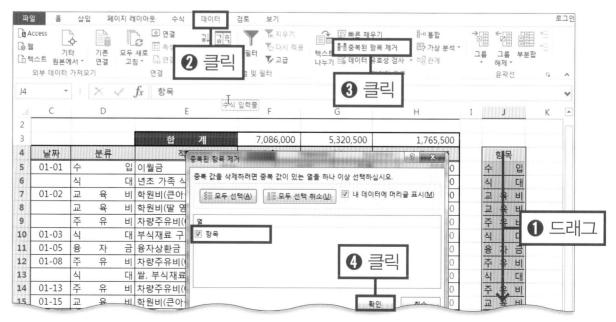

CHAPTER 14 가계부로 함수 응용하기 | **85**

3 ⋯⋯ '16개의 항목이 중복되어 제거되었다'는 메시지 상자의 [확인] 버튼을 클릭합니다. '항목[J]'열에 중복되었던 목록들이 제거된 것을 확인할 수 있습니다.

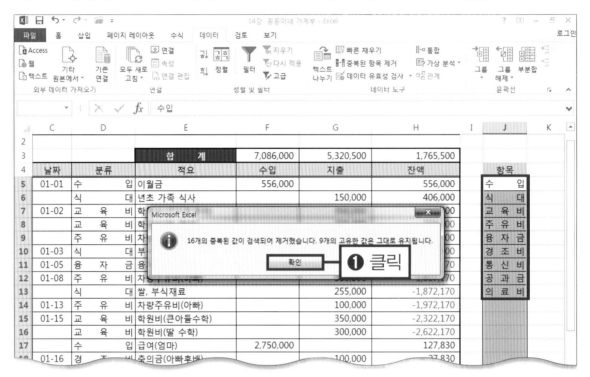

4 ⋯⋯ '항목' 표는 지출 항목의 소계를 구하는 표이므로 [J5] 셀의 '수입' 문자는 [마우스 오른쪽 버튼]을 클릭하여 [삭제]를 클릭합니다.

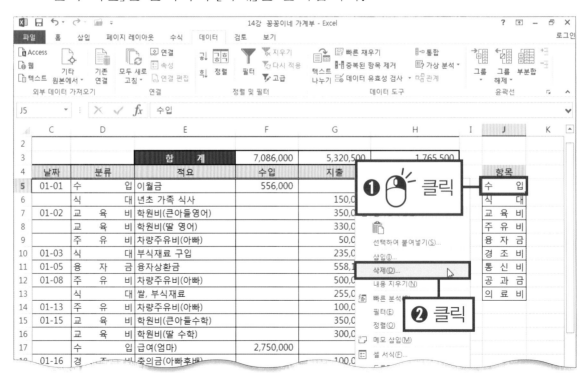

5 ····· '수입' 문자가 삭제되면 아래쪽 셀의 내용이 위로 이동되도록 [셀을 위로 밀기]를 클릭합니다.

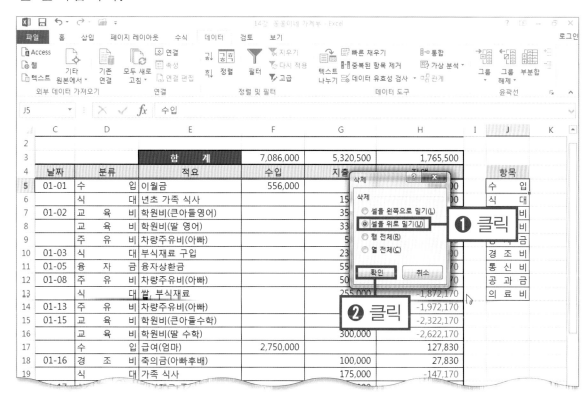

6 ····· '수입' 항목이 삭제된 것을 확인할 수 있습니다.

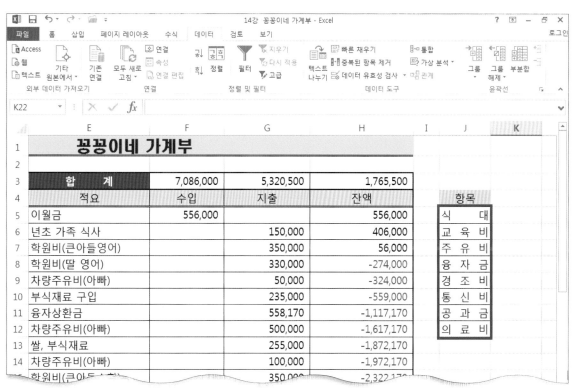

7 ····· 가계부에서 항목이 지출된 횟수를 구하고자 합니다. 지출 횟수는 각각의 항목[J5:J12]값이 분류 [D5:D29] 셀에 나오는 횟수를 구하면 됩니다. '1월' 시트의 [K4] 셀에 문자 데이터 '지출수'를 입력, [K5] 셀 클릭한 후 [수식 입력줄]에 [함수마법사(*fx*)]를 클릭합니다.

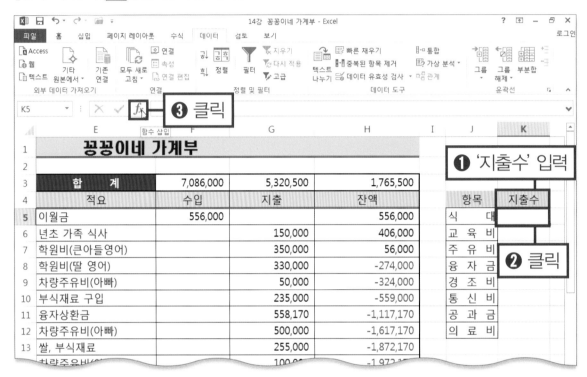

8 ····· 함수 범주에서 [통계]를 클릭한 후 [COUNTIF]를 클릭합니다.

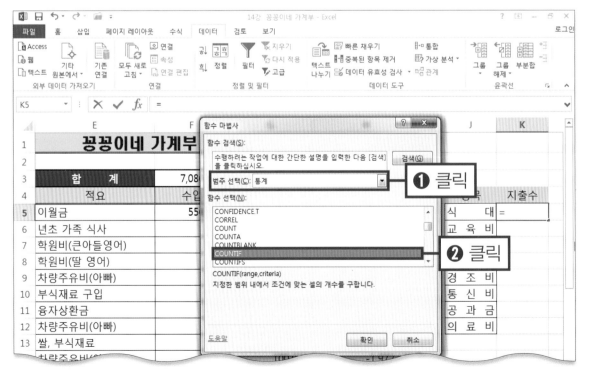

9 ····· COUNTIF 함수 인수로 'Range(범위)'에 '$D$5:$D$29', 'Criteria(조건)'에 'J5'을 입력한 후 [확인] 버튼을 클릭합니다.

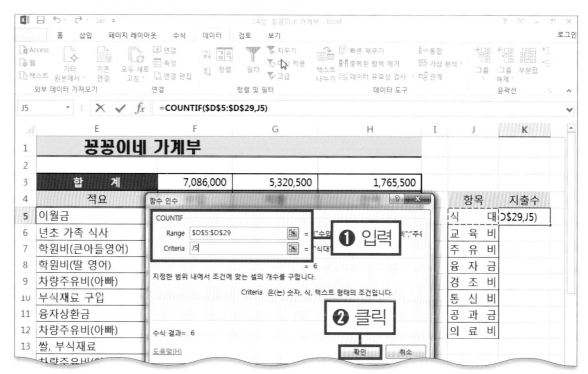

Range 인수를 절대참조($D$5:$D$29)로 고정시키는 이유는 [J5:J12] 셀의 항목개수를 동일한 분류 [D5:D29] 내에서 항목들의 개수를 구해야 하기 때문입니다. (즉 [K5] 셀의 수식을 [K12] 셀까지 [자동 채우기 핸들]로 복사하더라도 데이터범위가 변하지 않게 $D$5:$D$29로 표현해야 합니다.)

10 ····· [K5] 셀의 수식을 [자동 채우기 핸들]로 [K12] 셀까지 복사합니다.

11 ···· [K5:K12] 셀까지 항목별 '지출수'가 구해진 것을 확인할 수 있습니다.

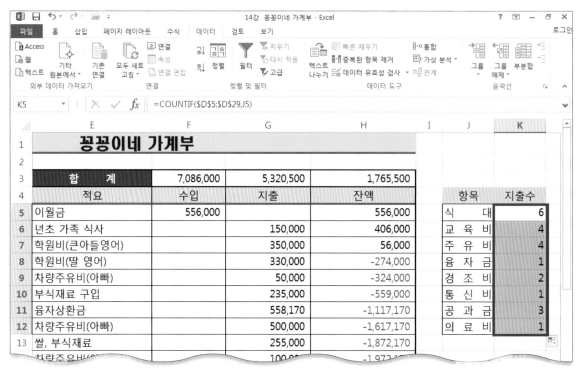

STEP 4 SUMIF 함수로 분류별 총 지출액 구하기

12 ···· '1월' 시트의 [L4] 셀에 '총 지출액'을 입력, [L5] 셀 클릭 한 후 [수식 입력줄]에 [함수마법사(ƒx)]를 클릭합니다.

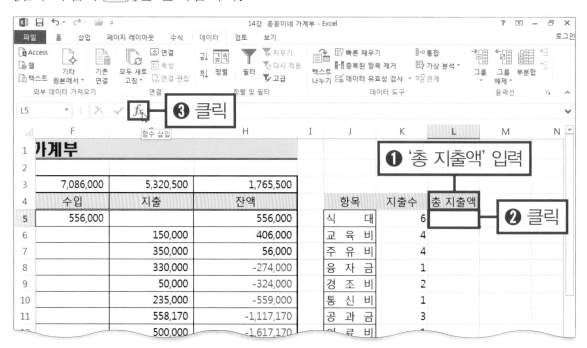

13 .... 함수 범주에서 [수학/삼각]를 클릭한 후 [SUMIF]를 클릭합니다.

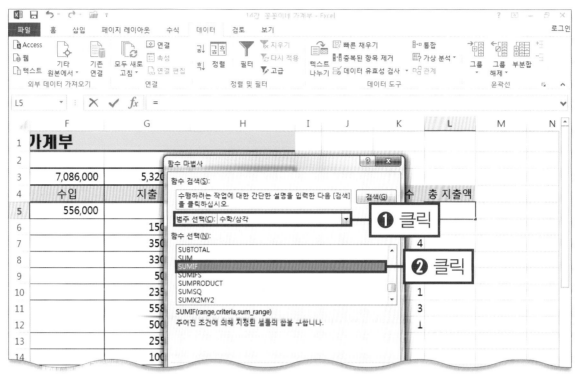

14 .... SUMIF 함수의 인수로는 'Range(조건범위)'에 '$D$5:$D$29', 'Criteria(조건)'
에 'J5', Sum_Range(합범위)에 '$G$5:$G$29'를 입력하고 [확인] 버튼을 클릭
합니다.

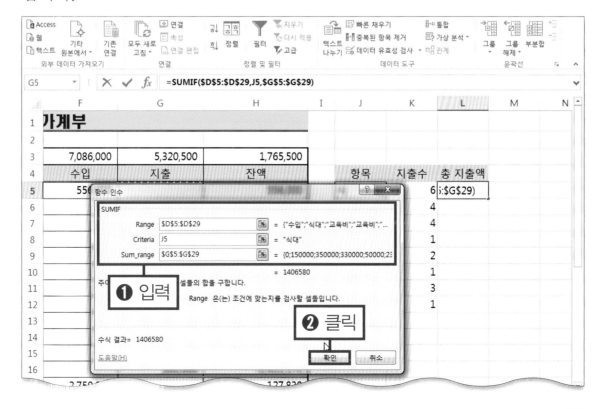

15 **** [L5] 셀의 수식을 [자동 채우기 핸들]로 [L12] 셀까지 복사합니다.

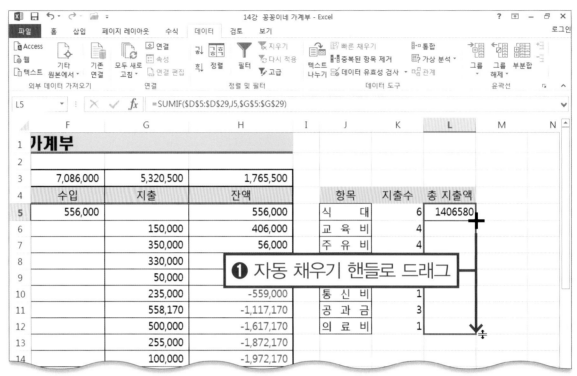

16 **** [L5:L12] 셀까지 항목별 '총 지출액'이 구해진 것을 확인할 수 있습니다.

17···· '테두리, 채우기색, 표시 형식'을 아래 사항을 참고하여 적용합니다.

- [J4:L12] 셀에 [테두리 : 모든 테두리], [테두리 : 굵은 상자 테두리]
- [J4:L4] 셀에 [채우기색 : 황금색, 강조4, 60% 더 밝게], [테두리 : 아래쪽 이중 테두리]
- [L5:L12] 셀에 [표시 형식 : 쉼표 스타일]

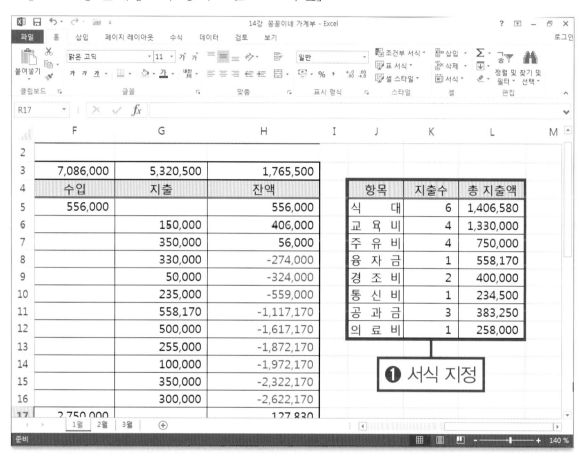

항목	지출수	총 지출액
식 대	6	1,406,580
교 육 비	4	1,330,000
주 유 비	4	750,000
융 자 금	1	558,170
경 조 비	2	400,000
통 신 비	1	234,500
공 과 금	3	383,250
의 료 비	1	258,000

❶ 서식 지정

CHAPTER 15

자주 사용하는 범위 이름 정의하기

엑셀에서 사주 사용하는 데이터 범위를 명칭으로 징의를 해 두면, 필요시마다 범위를 드래그하지 않고 그 명칭을 불러서 사용할 수 있습니다. 이런 기능을 [이름 정의]라고 합니다. 이번 단원에서는 가계부의 월별 데이터를 [이름 정의] 하겠습니다.

완성화면

┌ **미리보기**

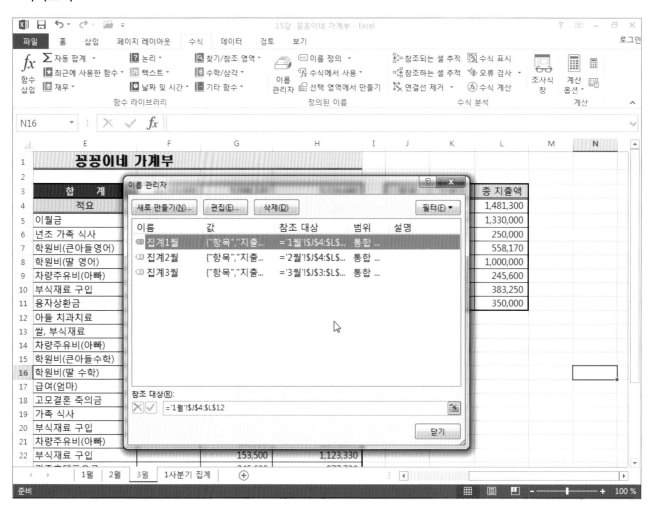

여기서

┌ **배워요!** 셀 복사, 시트 추가, 이름 정의, 이름 삭제

1 ...... [예제 파일] 폴더에 [15강 꽁꽁이네 가계부.xlsx]를 불러 옵니다. '1월' 시트의
지출 집계표[J4:L12]를 드래그한 후 Ctrl와 C를 눌러 복사합니다.

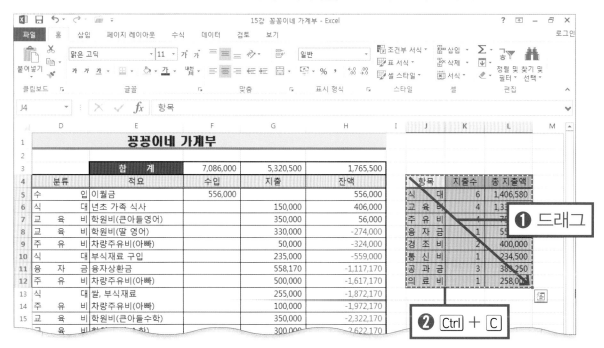

2 ...... '2월' 시트의 [J4] 셀을 클릭하여 Ctrl와 V를 눌러 붙여넣기를 합니다. '3월' 시
트에도 같은 방법으로 붙여넣기를 합니다.

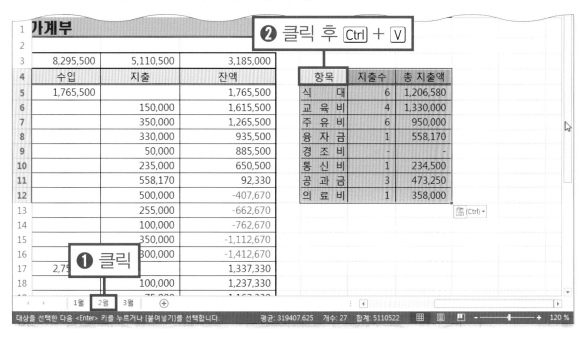

 지출 합계의 집계표는 수식이 들어 있는 표를 복사하였기에 자동으로 '2월', '3월' 시트의 집계가 구
해집니다. 단, 데이터가 '50'행까지 들어 있다면 COUNTIF 함수와 SUMIF 함수의 인수들의 범위도
'50'행까지 바꾸어 주어야 합니다.

3 ····· '1월' 부터 '3월' 시트까지 집계한 '1사분기 집계' 시트를 만들기 위해 시트를 추가하겠습니다. 시트 탭에서 [시트 추가 버튼(⊕)]을 클릭하여 'Sheet1' 시트가 추가된 것을 확인합니다.

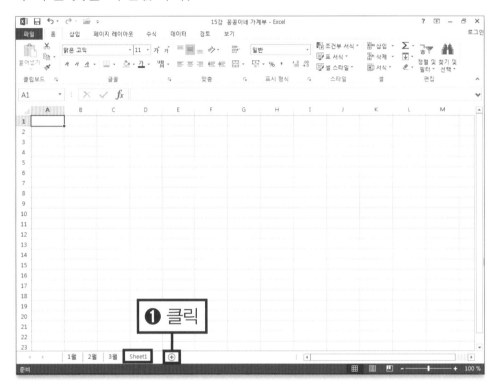

4 ····· 추가된 'Sheet1' 위에서 [마우스 오른쪽 버튼]을 클릭, [이름 바꾸기]를 클릭하여 '1사분기 집계'라고 입력합니다.

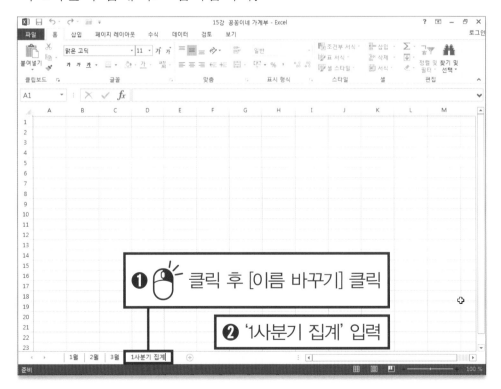

5 ..... '1월' 시트의 집계표[J4:L12]를 Ctrl와 C를 눌러 복사하여 '1사분기 집계' 시트의 [B2] 셀에 Ctrl와 V를 눌러 붙여넣기를 합니다. 이때 나타나는 [붙여넣기 옵션(📋)] 버튼을 클릭하여 '원본 열 너비 유지'를 클릭합니다.

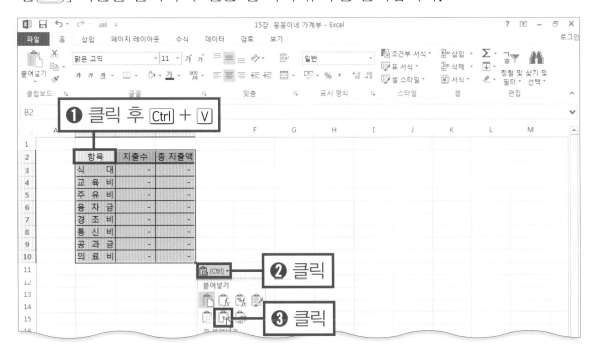

STEP 3 시트별 집계표 이름 정의하기

6 ..... '1월' 시트의 집계표[J4:L12]를 드래그 합니다. [이름 상자]에 '집계1월'이라고 입력하고 Enter↵를 누릅니다.

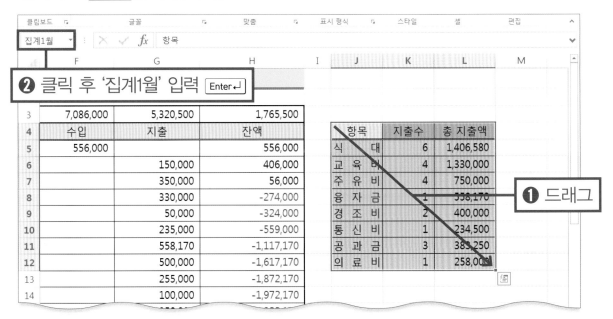

7 ······ '2월' 시트의 집계표[J4:L12]를 드래그합니다. [이름 상자]에 '집계2월'이라고 입력하고 Enter↵를 누릅니다. '3월' 시트도 같은 방법으로 '집계3월'이라고 [이름 정의]를 합니다.

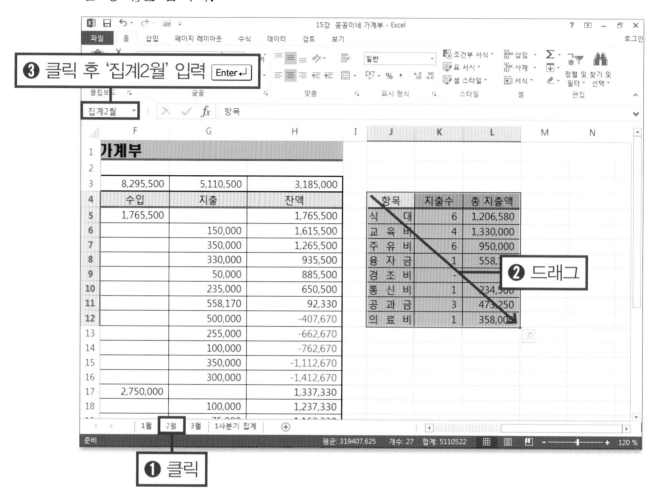

[이름 정의]시 주의할 점

① 이름은 문자 또는 '_'로 시작합니다. ex) '집계1월', '_1월집계'

② 이름의 길이는 최대 255자까지입니다.

③ 이름에는 공백이 들어가면 안됩니다.

④ 이름은 통합 문서(파일) 내에 중복사용하면 안됩니다.

⑤ 잘못된 [이름 정의]는 [수식] 탭–[정의된 이름] 그룹–[이름 관리자]에서 [삭제] 또는 [편집]해서 사용해야 합니다.

이름 정의의 또 다른 방법

① [수식] 탭–[정의된 이름] 그룹–[이름 관리자] 버튼을 클릭합니다.

② [새로 만들기], [편집], [삭제] 버튼을 클릭하여 [이름 정의] 및 [편집], [삭제]를 할 수 있습니다.

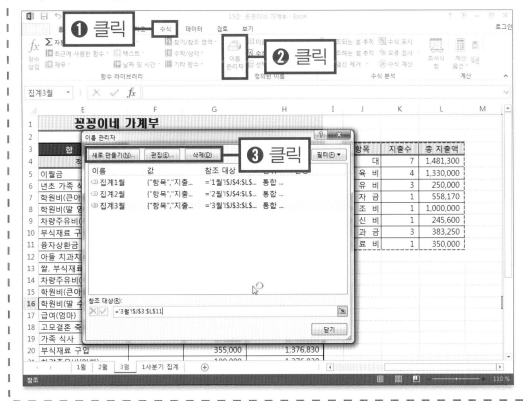

함수 없이 합을 구하는 데이터 통합

POINT

여러 영역으로 나누어진 데이터 표를 함수 없이 합계, 평균, 최대값, 최소값 등을
구할 수 있는 명령이 [데이터 통합]입니다. 이번 단원에서는
15강에서 정의한 이름 영역들을 이용하여 데이터 통합을 하도록 하겠습니다.

완성화면
미리보기

	항목	지출수	총 지출액
	식 대	19	4,094,460
	교 육 비	12	3,990,000
	주 유 비	13	1,950,000
	융 자 금	3	1,674,510
	경 조 비	3	1,400,000
	통 신 비	3	714,600
	공 과 금	9	1,239,750
	의 료 비	3	966,000

Q14

16강 꽁꽁이네 가계부 - Excel

파일 홈 삽입 페이지 레이아웃 수식 데이터 검토 보기

1월 | 2월 | 3월 | 1사분기 집계

여기서
배워요! 데이터 통합

데이터 통합으로 1사분기 집계표 완성하기

1 ˙˙˙˙˙ [예제 파일] 폴더에 [16강 꽁꽁이네 가계부.xlsx]를 불러 옵니다. '1사분기 집계'
시트의 [C3:D10] 셀을 드래그하여 Delete로 기존 수식을 삭제합니다.

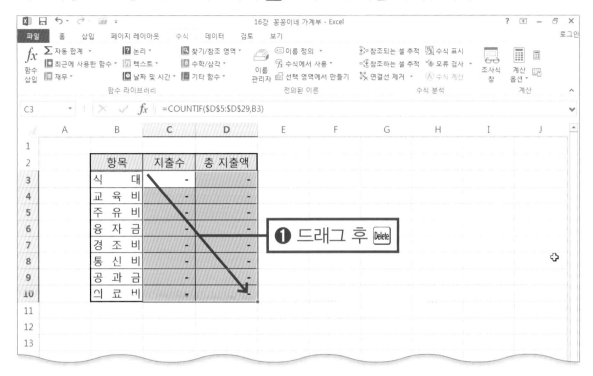

2 ˙˙˙˙˙ '1사분기 집계' 시트의 [B2:D10] 셀을 드래그 한 후 [데이터] 탭-[데이터 도구]
그룹-[통합]을 클릭합니다.

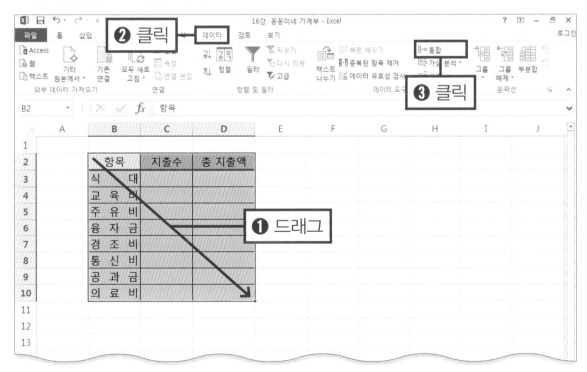

3 ..... [참조(R)]에 '집계1월' 이름을 입력한 후 [추가] 버튼을 클릭합니다. 같은 방법으로 '집계2월', '집계3월'도 참조 영역에 추가합니다. [사용할 레이블]에 [첫 행]과 [왼쪽 열]을 클릭 한 후 [확인] 버튼을 클릭합니다.

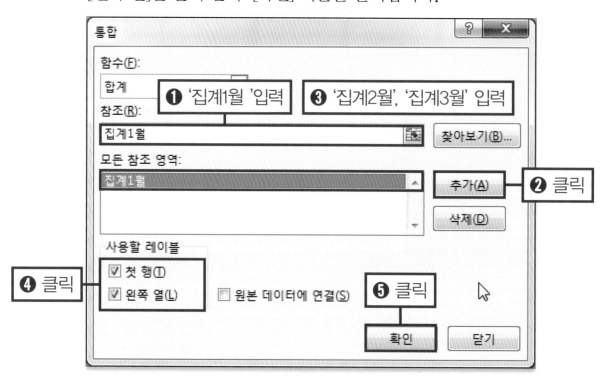

4 ..... 함수 또는 수식을 사용하지 않고 아래 그림과 같이 '1사분기 집계' 시트에 '1월', '2월', '3월' 시트 합계가 구해진 것을 확인할 수 있습니다.

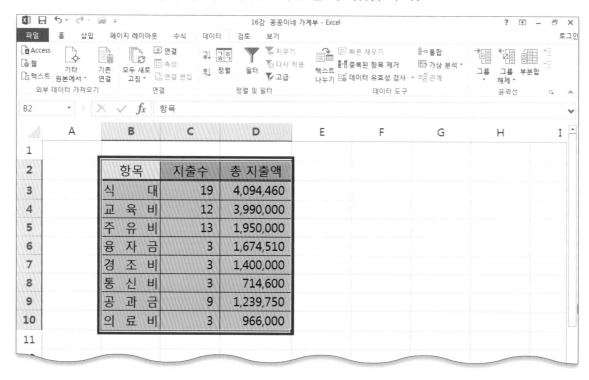

일부 항목만 데이터 통합을 해 보도록 하겠습니다.

① 새로운 시트를 추가해서 아래와 같이 표를 만듭니다.

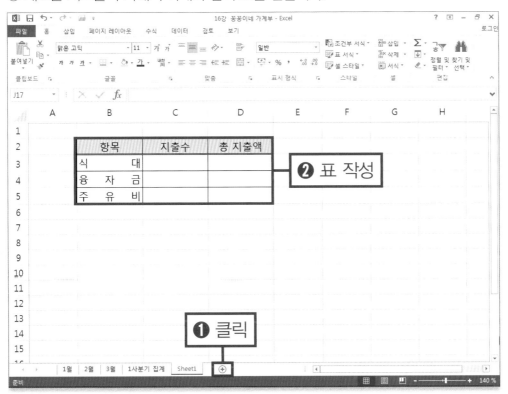

② [B2:D5] 셀까지 드래그, [데이터] 탭–[데이터 도구] 그룹–[통합]을 클릭합니다. [이름 정의]된 '집계1월', '집계2월', '집계3월'을 추가한 후, [첫 행], [왼쪽 열]을 클릭하고, [확인] 버튼을 클릭합니다.

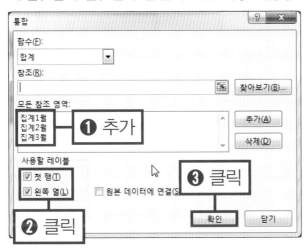

③ '식대', '융자금', '주유비' 항목만 '지출수', '총 지출액'이 구해진 것을 확인할 수 있습니다.

항목		지출수	총 지출액
식	대	19	4,094,460
융 자 금		3	1,674,510
주 유 비		13	1,950,000

CHAPTER 17

동창회 회원 이름순으로 데이터 정렬하기

입력된 데이터를 특정 항목순으로 재배열해야 하는 경우가 있습니다. 예를 들면, 학생 데이터를 번호순으로 입력했는데 이름순이나 성적순으로 데이터를 재배열시켜야 하는 경우 엑셀에서는 [정렬] 명령을 이용하여서 작업을 하게 됩니다. 이번 단원에서는 번호순으로 입력된 데이터를 이름순으로 정렬시키도록 하겠습니다

완성화면
미리보기

17강 별빛 친구 연락처.xlsx - Excel

번호	이름	주소	전화번호	비고
2	김 금 화	서울시	010-3254-3333	
1	오 동 수	서울시	010-1234-2222	
9	이 영 환	서울시	010-8564-3217	
13	정 경 준	서울시	010-9875-8965	
15	황 철	서울시	010-3216-5472	
3	사 공 철 희	부산시	010-5555-4545	
11	이 중 현	부산시	010-3567-8745	
12	김 철 진	대구시	010-2547-1234	
7	최 민 국	대구시	010-5478-6542	
10	김 꽃 님	인천시	010-6547-1235	

별빛 친구 모임 연락처

2018-11-12

여기서
배워요!
데이터 정렬, 사용자 지정 정렬

1 ‥‥‥ [예제 파일] 폴더에 [17강 별빛친구 연락처.xlsx]를 불러 옵니다. ‘연락처’ 시트의 [C6] 셀을 클릭하여 [데이터] 탭–[정렬 및 필터] 그룹–[텍스트 오름차순 정렬 (⬇)] 버튼을 클릭합니다.

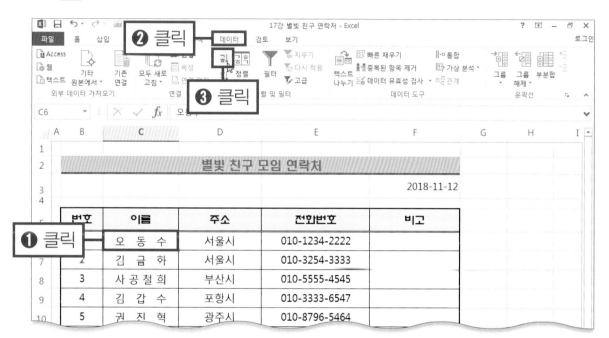

 오름차순 정렬은 작은 값에서 큰 값 순으로 정렬하는 것입니다. 즉, 0~9순, A~Z순, ㄱ~ㅎ순 정렬을 의미합니다. 반대로 내림차순 정렬은 큰 값에서 작은 값 순으로 정렬하는 것입니다

2 ‥‥‥ ‘번호’순으로 정렬되었던 데이터가 ‘이름’순으로 재정렬된 것을 확인할 수 있습니다.

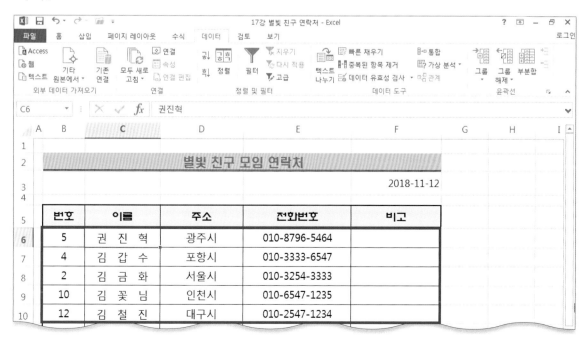

3 ····· [C6] 셀을 클릭, [데이터] 탭−[정렬 및 필터] 그룹−[정렬(⬚)]버튼을 클릭합니다.

4 ····· [정렬 기준]에 '번호' 클릭, [정렬]을 '오름차순'으로 클릭한 후 [확인] 버튼을 클릭합니다.

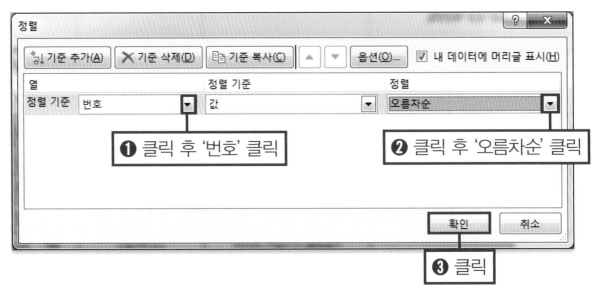

5 ····· '별빛 친구 모임 연락처'가 '번호'순으로 재정렬된 것을 확인할 수 있습니다.

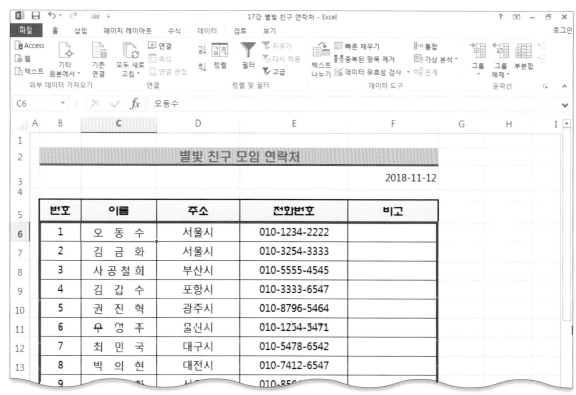

STEP 3 복수개의 정렬 기준 설정하기

6 ····· 메뉴로 정렬할 경우 1차 정렬 기준이 동일하면 2차 기준을 지정할 수 있습니다. 주소가 동일한 경우 이름순으로 정렬되도록 하기 위해 [C6] 셀을 클릭, [데이터] 탭-[정렬 및 필터] 그룹-[정렬(ﾟ)] 버튼을 클릭합니다. [기준 추가(ﾟ 기준 추가(A))] 버튼을 클릭하여 아래와 같이 값을 입력하고 [확인] 버튼을 클릭합니다.

7 ..... '주소'가 동일한 경우 '이름'의 '오름차순'으로 데이터가 정렬된 것을 확인할 수 있습니다.

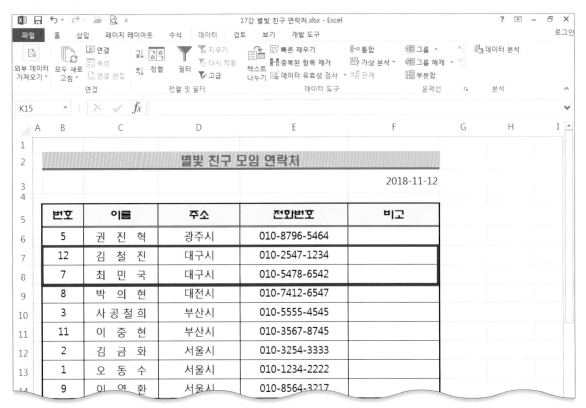

STEP 4 사용자가 원하는 순서대로 정렬 기준 설정하기

8 ..... [C6] 셀을 클릭, [데이터] 탭-[정렬 및 필터] 그룹-[정렬(▦)] 버튼을 클릭합니다. '주소' 항목 [정렬]에서 [목록 버튼(▼)]을 클릭하여 [사용자 지정 목록]을 선택합니다.

9 ..... [사용자 지정 목록]에 [새 목록]이 선택된 상태에서 [목록 항목]에 화면과 같이
지역명을 입력한 후 [추가] 버튼을 클릭하고 [확인] 버튼을 클릭합니다.

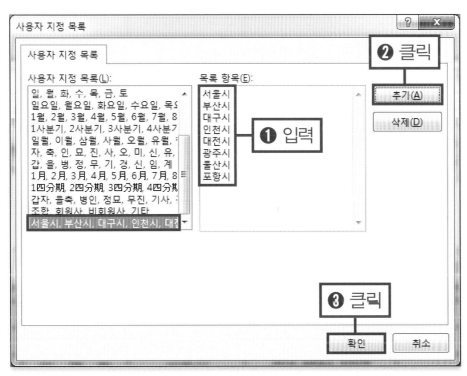

10 ..... [정렬]에 화면과 같이 '서울시'부터 지역명이 나오는 것을 확인한 후 [확인] 버
튼을 클릭합니다.

11 •••• 화면과 같이 지역명 순으로 정렬된 것을 확인할 수 있습니다.

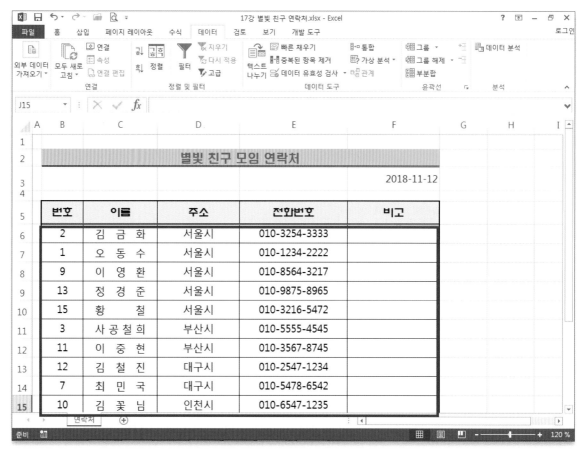

혼자서도 만들 수 있어요!

1 [예제 파일] 폴더에 [17강 꽁꽁이네 가계부.xlsx]를 열어 '1월' 시트의 집계표에서 '항목'의 '오름차순'으로 데이터가 정렬되도록 해 보세요.

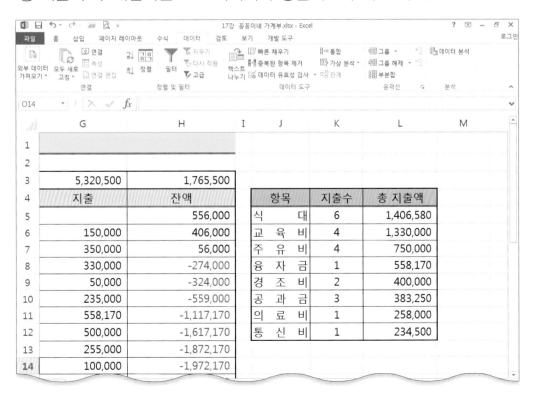

2 '총 지출액'의 '내림차순'으로 데이터가 정렬되도록 해 보세요.

CHAPTER 18

가계부에서 필요한 항목만 표시하는 필터

입력된 데이터 중에서 조건에 맞는 데이터만 추출해야 하는 경우에 필터 기능을 사용합니다. 필터에서는 자동 필터와 고급 필터가 있는데 이번 단원에서는 자동 필터를 이용하여 가계에서 필요한 항목들만 추출해 보도록 하겠습니다.

완성화면
미리보기

번호	날짜	분류	적요	수입	지출	
			꽁꽁이네 가계부			
		합 계		7,086,000	5,320,500	
3	01-02	교 육 비	학원비(큰아들영어)		350,000	
4		교 육 비	학원비(딸 영어)		330,000	
11	01-15	교 육 비	학원비(큰아들수학)		350,000	
12		교 육 비	학원비(딸 수학)		300,000	

준비   25개 중 4개의 레코드가 있습니다.

여기서
배워요!   자동 필터

STEP 1 분류 항목이 '교육비'인 데이터만 추출하기

1 ..... [예제 파일] 폴더에 [18강 꽁꽁이네 가계부.xlsx]를 불러옵니다. '1월' 시트에 [B4:H29] 셀까지 드래그하여 범위를 지정합니다. [데이터] 탭-[정렬 및 필터] 그룹-[필터(▼)] 버튼을 클릭합니다.

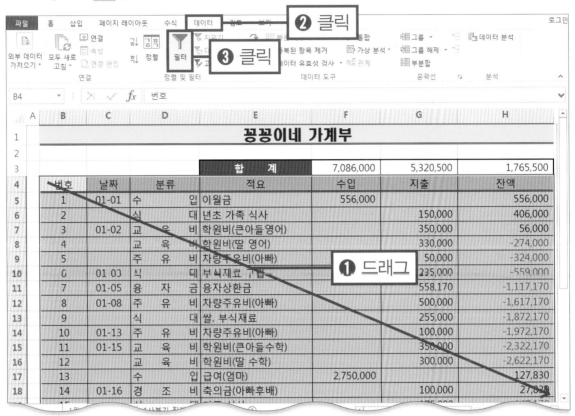

2 ..... 항목명마다 [필터] 버튼이 만들어진 것을 확인할 수 있습니다.

3 ····· '분류' 항목의 [필터] 버튼을 클릭, '모두 선택'을 클릭하여 해제 한 후 '교육비'만 클릭하고 [확인] 버튼을 클릭합니다.

4 ····· '분류' 항목이 '교육비'인 행만 추출된 것을 확인할 수 있습니다.

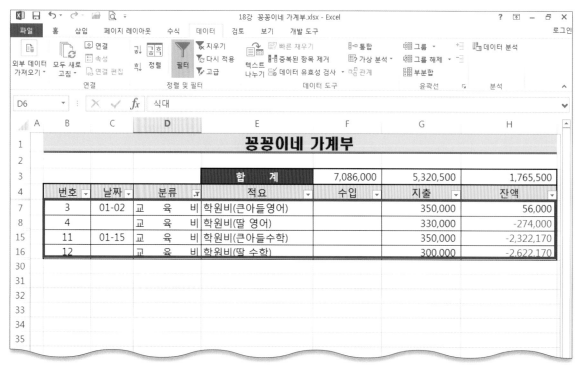

5 ..... '분류' 항목에 지정된 필터 조건을 해제하려면 [데이터] 탭–[정렬 및 필터] 그룹–[지우기]를 클릭합니다.

6 ..... 필터 조건이 해제된 것을 확인할 수 있습니다.

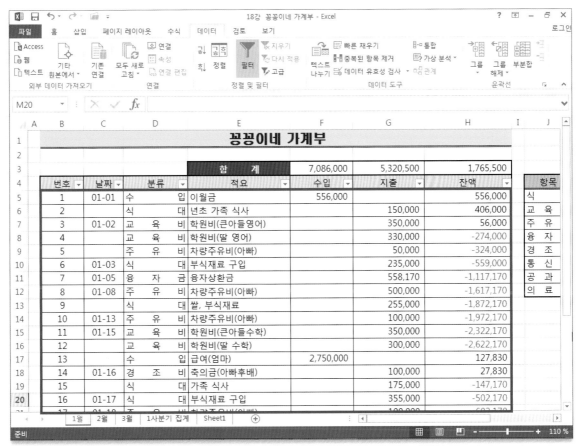

7 ····· '지출' 항목 [필터] 버튼을 클릭, [숫자 필터]-[크거나 같음]을 클릭합니다.

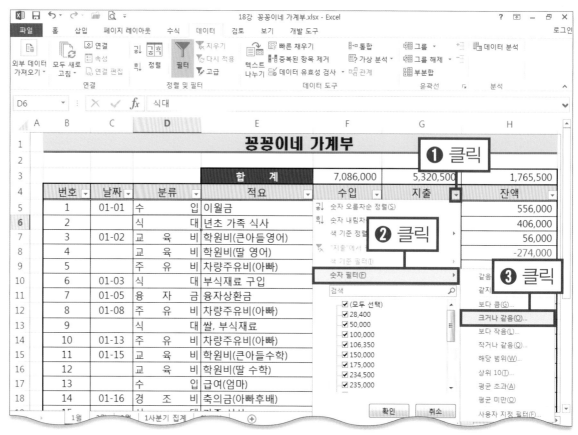

8 ····· [찾을 조건]을 아래 화면과 같이 '500000'이상을 입력하고 [확인] 버튼을 클릭합니다.

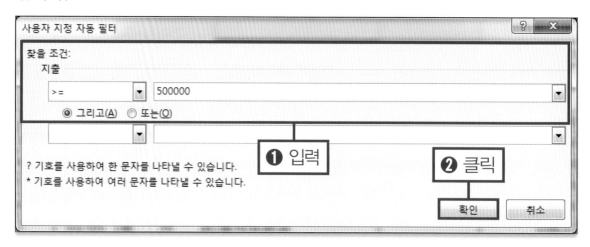

9 ······ '지출' 항목이 50만원 이상인 데이터만 추출된 것을 확인할 수 있습니다.

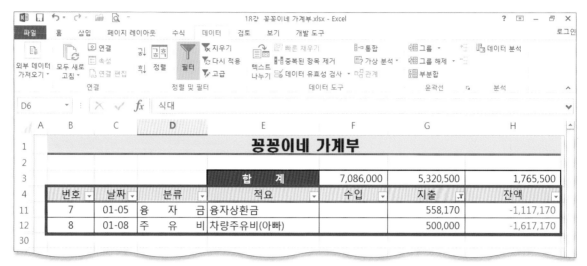

10 ······ [데이터] 탭 [정렬 및 필터] 그룹–[지우기]를 클릭하여 '지출' 항목에 지정된 필터조건을 해제합니다.

STEP 4 '아빠'가 지출한 항목 추출하기

11 ······ '적요' 항목 [필터] 버튼을 클릭한 후 [텍스트 필터]–[포함]을 클릭합니다.

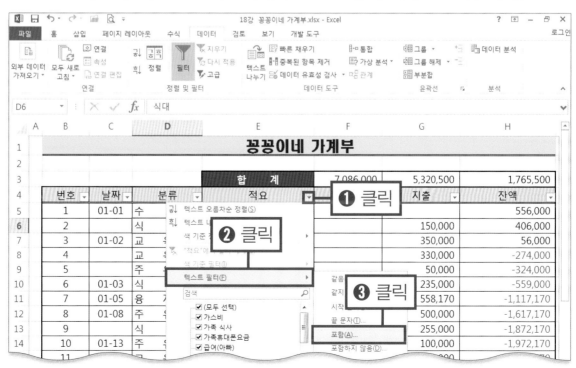

12 [찾을 조건]을 아래 화면과 같이 '아빠'라고 입력하고 [확인] 버튼을 클릭합니다.

13 '적요' 항목에 '아빠'가 포함된 데이터만 추출된 것을 확인할 수 있습니다.

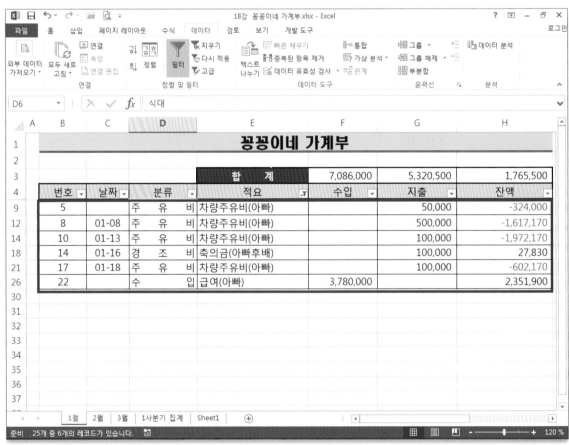

'지출' 항목에서 20만원~30만원 사이를 추출해 보겠습니다.

① '지출' 항목 [필터] 버튼을 클릭, [숫자 필터]–[해당 범위]를 클릭합니다.
② [찾을 조건]을 화면과 같이 입력하고 [확인] 버튼을 클릭합니다.

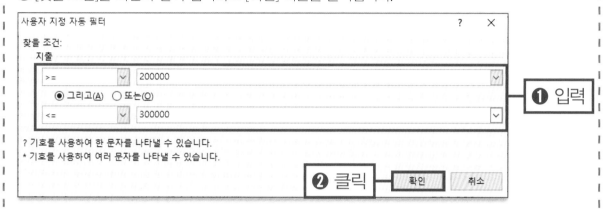

③ 시출이 20만원에시 30만원 시이기 추줄된 것을 화인할 수 있습니다

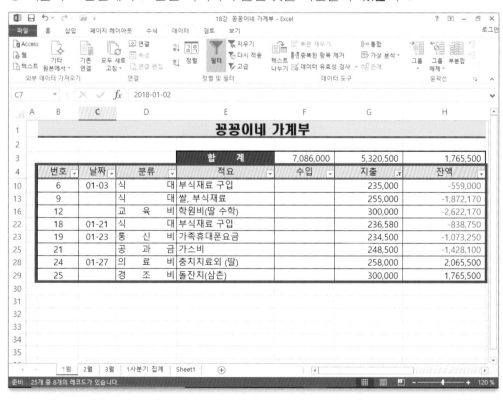

'날짜' 항목에서 '2018-01-10' 이전 또는 '2018-01-20' 이후를 추출해 보겠습니다.

① '날짜' 항목 [필터] 버튼을 클릭, [날짜 필터]-[사용자 지정 필터]를 클릭합니다.
② [찾을 조건]을 화면과 같이 입력하고 [확인] 버튼을 클릭합니다.

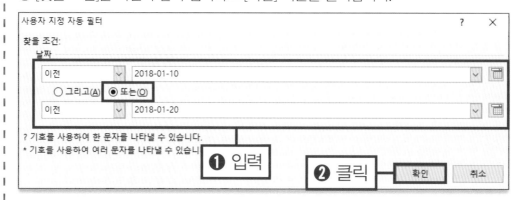

2018-01-10 이전과 2018-01-20 이후를 동시에 만족할 수 있는 날짜는 없음으로 반드시 논리연산자를 '또는'으로 선택해야 합니다. 실행을 해보면, 날짜가 2018-01-10 이전과 2018-01-20 이후가 추출된 것을 확인할 수 있습니다.

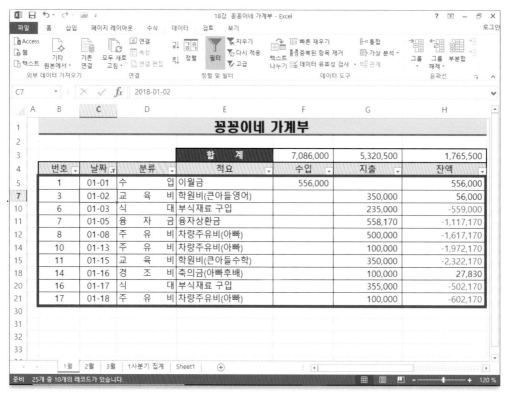

14 [데이터] 탭–[정렬 및 필터] 그룹에서 선택된 [필터] 버튼을 다시 클릭하면 필터가 해제됩니다.

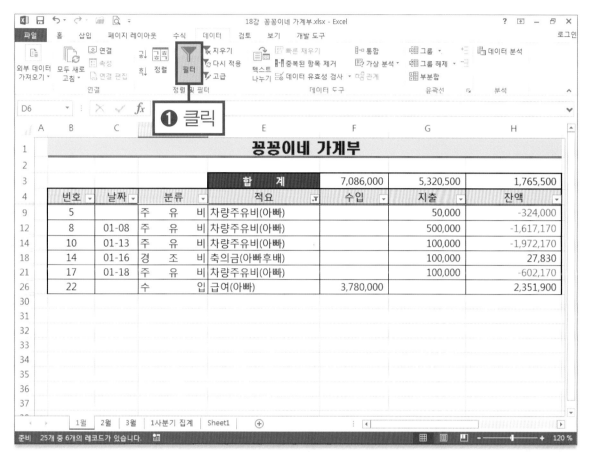

CHAPTER 19

지출 집계를 분석하는 차트 만들기

숫자로 나타난 데이터를 직관적으로 이해하기 쉽도록 하려면 데이터를 시각화해야 합니다. 엑셀에서는 차트를 제공함으로 데이터를 분석하기 쉽게 시각화해 줄 수 있습니다. 이번 단원에서는 '1사분기 집계' 시트의 표를 차트로 만들어 분석하도록 하겠습니다.

완성화면

미리보기

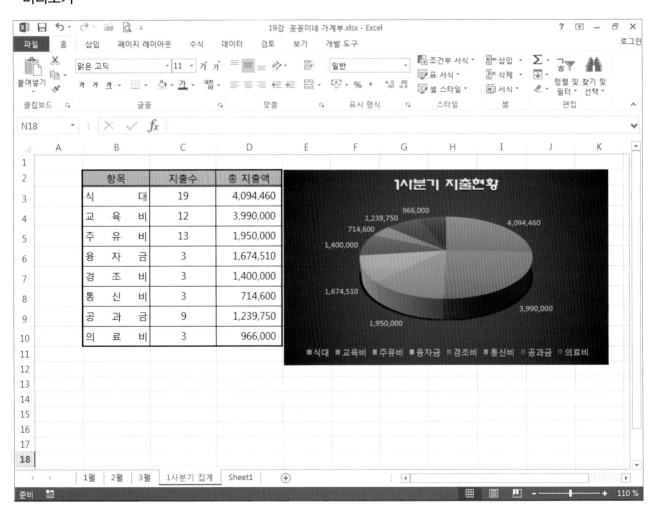

여기서

배워요! 차트 삽입, 서식 변경

항목별 총 지출액에 대한 차트 만들기

1 ..... [예제 파일] 폴더에 [19강 꽁꽁이네 가계부.xlsx]를 불러옵니다. '1사분기 집계' 시트이 '항목[B2:B10]'을 드래그한 후 Ctrl를 누른 채 '총지출액[D2:D10]'을 드래그하여 범위를 지정합니다.

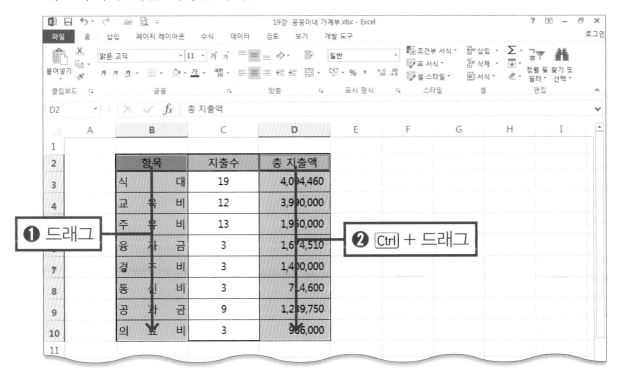

2 ..... [삽입] 탭-[차트] 그룹-[세로 막대형 차트 삽입]에 [목록 버튼](▼) 클릭하여 '묶은 세로 막대형'을 클릭합니다.

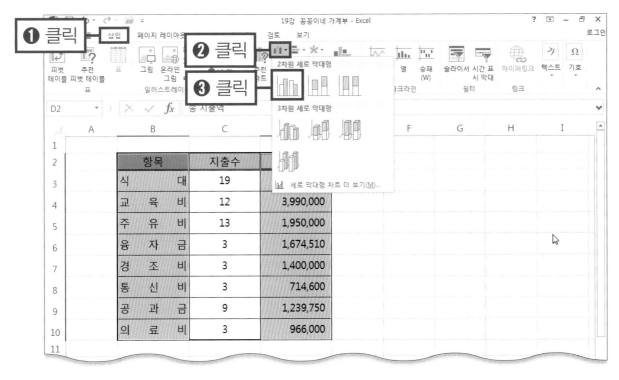

3 ····· 시트에 '항목'과 '총 지출액'으로 작성된 세로 막대형 차트를 확인할 수 있습니다.

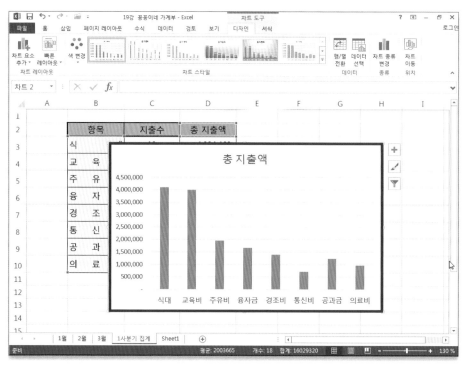

┌──┐
│ STEP 2   **차트 위치 이동**   │
└──┘

4 ····· 삽입된 차트를 [E2] 셀로 드래그하여 이동합니다.

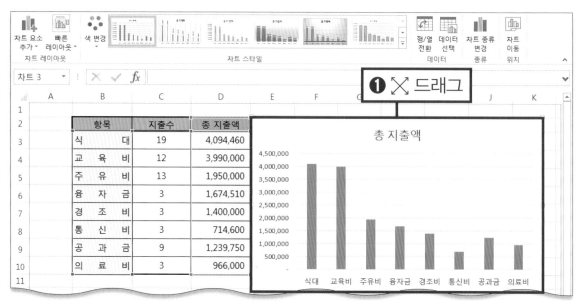

Alt 를 누르고 차트를 드래그하여 이동하면 셀 구분선에 쉽게 차트를 맞출 수 있습니다.

5 ····· 차트의 종류를 막대형에서 원형으로 변경하려고 합니다. [차트 도구 디자인] 탭-[종류] 그룹-[차트 종류 변경]을 클릭합니다.

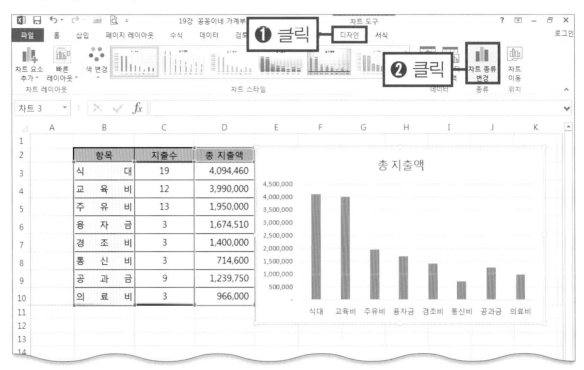

 리본 메뉴에서 [차트 도구] 탭이 보이지 않는다면 '차트' 그림을 클릭하면 차트에 조절점이 생깁니다. '차트' 그림에 조절점이 생기면 차트에 관련된 [차트 도구] 탭이 리본 메뉴에 표시되는 것을 확인할 수 있습니다.

6 ····· [차트 종류 변경] 대화 상자에서 [모든 차트] 탭-[원형]-[3차원 원형]을 클릭하고 [확인] 버튼을 클릭합니다.

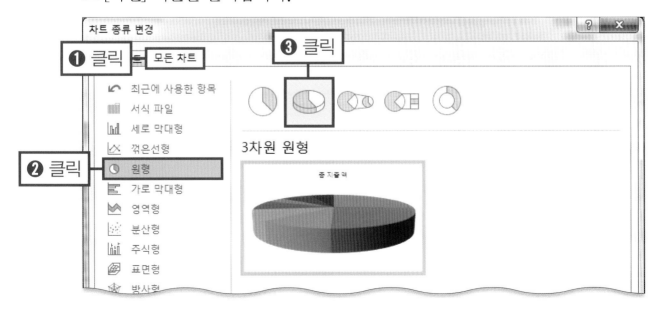

차트 레이아웃 변경

7 ‥‥ [차트 도구 디자인] 탭-[차트 스타일] 그룹의 [자세히(⊡)] 버튼을 클릭하여 '스타일 7'을 클릭합니다.

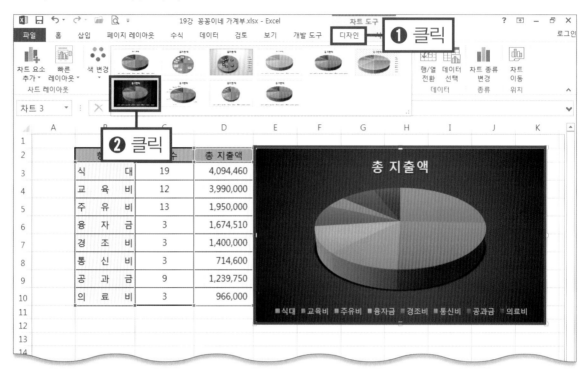

STEP 5 **차트 제목과 서식 변경**

8 ‥‥ 삽입된 차트의 제목을 클릭하여 '1사분기 지출현황'이라고 입력하고 Enter↵를 누릅니다.

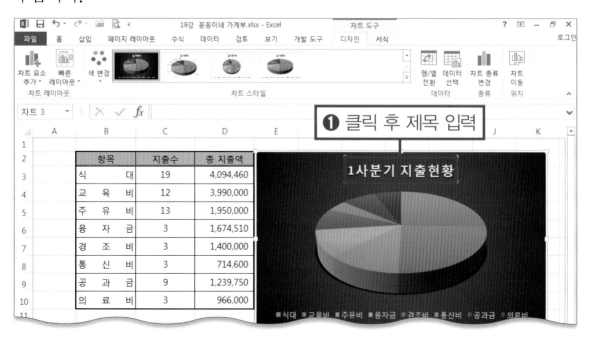

9 …… 차트의 제목을 드래그하여 [홈] 탭-[글꼴] 그룹에서 '크기, 글꼴, 굵게' 등을 화
면과 같이 지정합니다.

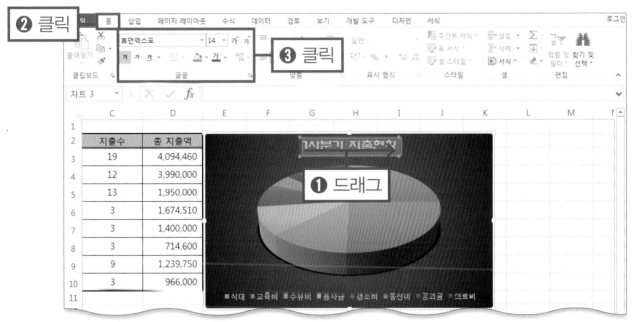

 차트 제목을 선택하는 또 다른 방법은 차트 제목을 클릭한 후 Esc 를 누르면 차트 제목 테두리가 점
선에서 실선으로 바뀌면서 차트 제목 전체가 선택됩니다.

STEP 6 데이터 레이블 지정하기

10 …… [차트 도구 디자인] 탭-[차트 레이아웃] 그룹-[차트 요소 추가]를 클릭하여
[데이터 레이블]의 [바깥쪽 끝에]를 클릭합니다. 차트에 [데이터 레이블]이 표
시되는 것을 확인할 수 있습니다.

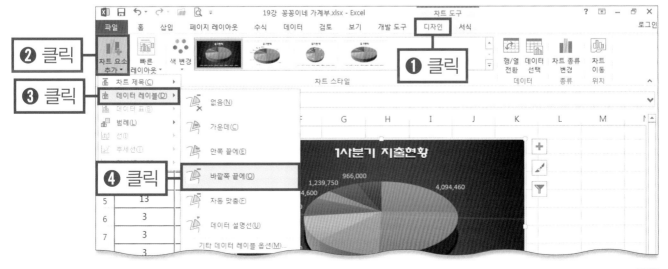

혼자서도 만들 수 있어요!

1 [19강 꽁꽁이네 가계부.xlsx]에서 'Sheet1' 시트의 '항목'과 '지출수[B2:C5]'를 이용하여 '묶은 가로 막대형'을 작성하고 '레이아웃과 서식, 레이블' 등을 아래 화면과 같이 작성하세요.

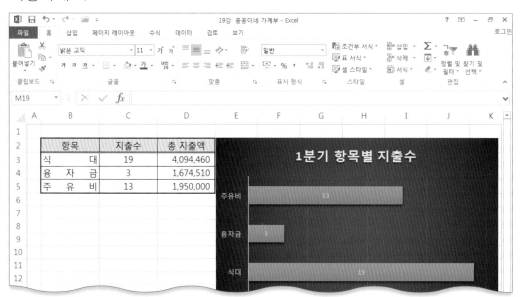

[B2:C5] 셀 선택, [삽입] 탭-[차트] 그룹-[묶은 가로형 막대], [차트 도구 디자인] 탭-[차트 스타일] 그룹-[스타일 7], [차트 도구 디자인] 탭-[차트 레이아웃] 그룹-[차트 요소 추가]-[데이터 레이블]-[가운데], '차트 제목'을 '1분기 항목별 지출수'로 변경

2 작성된 [묶은 가로 막대형] 차트를 아래 화면과 같이 [3차원 효과의 원 차트]로 차트의 종류를 변경하세요.

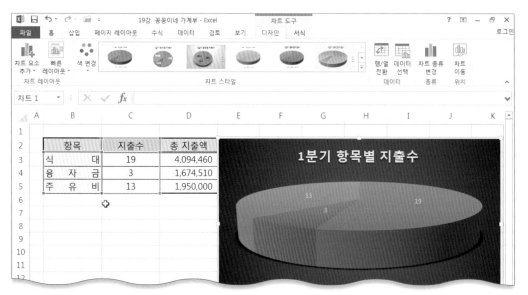

[차트 도구 디자인] 탭-[종류] 그룹-[모든 차트]-[원형]-[3차원 원형]

CHAPTER 20

함수 활용과 조건부 서식

이번 단원에서는 활용도가 높은 중급 함수와 조건에 따라 서식이 지정되는
조건부 서식, 유효성 검사를 통해서 꽁꽁이네 가계부를 완성하도록 하겠습니다.

완성화면
미리보기

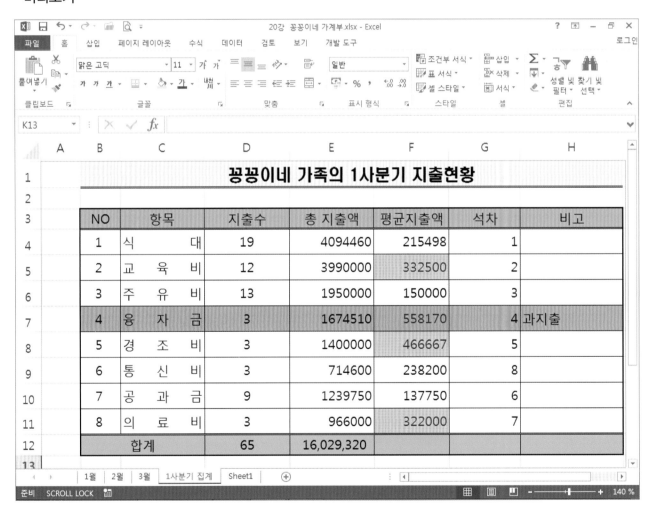

여기서
배워요! IF 함수, RANK 함수, ROUND 함수, ROW 함수, REPLACE 함수, 조건부 서식, 유효성 검사

ROW 함수로 일련번호 삽입하기

1 ..... [예제 파일] 폴더에서 [20강 꽁꽁이네 가계부. xlsx]를 불러옵니다. 폴더에서 '1사분기 집계' 시트의 [B4] 셀 클릭, [함수마법사(fx)]를 클릭하여 [찾기/참조 영역]에서 ROW 함수를 클릭한 후 [확인] 버튼을 클릭합니다.

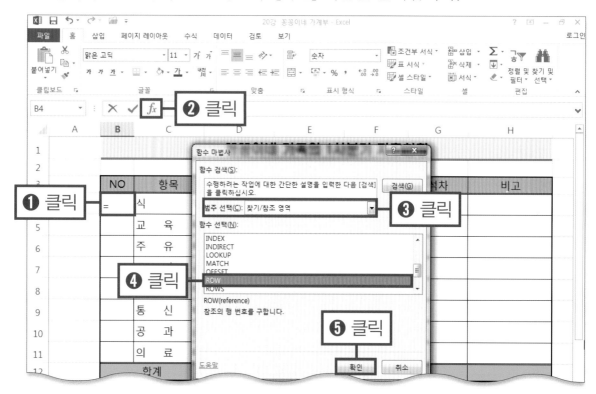

2 ..... ROW 함수의 인수 Reference에 값을 입력하지 않고, 공백으로 두고 [확인] 버튼을 클릭합니다.

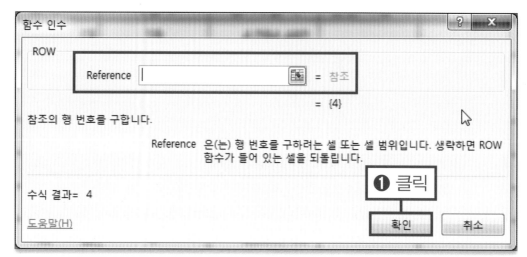

 조금 더 배우기

ROW 함수의 인수를 지정하면 인수가 지시하는 행번호를 값으로 산출해 주게 됩니다.(예를 들어 'ROW(A10)'이라고 한다면, 인수 A10에서 10을 값으로 산출해 줌) 인수를 위와 같이 공백으로 한다면 함수가 입력된 셀의 행번호를 값으로 산출해 주게 됩니다.

3 ······ 현재 행번호 '4'가 나타난 것을 확인할 수 있습니다.

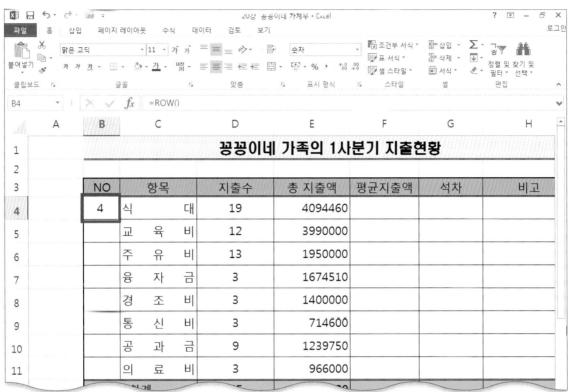

4 ······ ROW 함수에 의해 '4'로 나타난 번호를 '1'로 만들기 위해 [B4] 셀을 더블 클릭하여 수식을 '=ROW()-3'로 수정합니다.

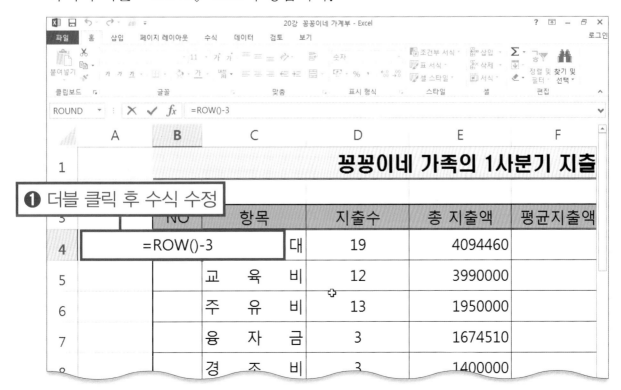

5 ROW 함수와 수식에 의해서 'NO' 항목이 '4'에서 '1'로 수정된 것을 확인할 수 있습니다.

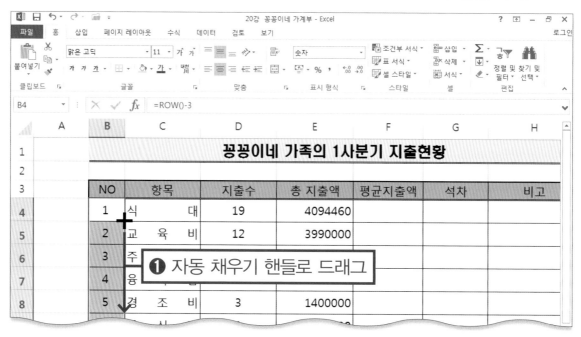

6 일련번호가 모두 나오도록 [B4] 셀의 수식을 [B11] 셀까지 [자동 채우기 핸들]로 드래그하여 복사합니다. 일련번호가 나타난 것을 확인할 수 있습니다.

 [자동 채우기 핸들]로 수식을 복사할 때 테두리선도 같이 복사됩니다. 테두리선을 변함없도록 하려면 [자동채우기 옵션 버튼(⊞)]을 클릭하여 [서식 없이 채우기]를 클릭하면 테두리선은 복사되지 않습니다.

7 ...... '총 지출액'을 '지출수'로 나누면 '평균 지출액'을 구할 수 있습니다. 이때 ROUND 함수를 이용하여 소수점 이하를 반올림하여 정수자리까지만 결과가 나오도록 하겠습니다. '1사분기 집계' 시트의 [F4] 셀 클릭, [함수마법사(*fx*)]를 클릭하여 [수학/삼각]에서 ROUND 함수를 클릭하고 [확인] 버튼을 클릭합니다.

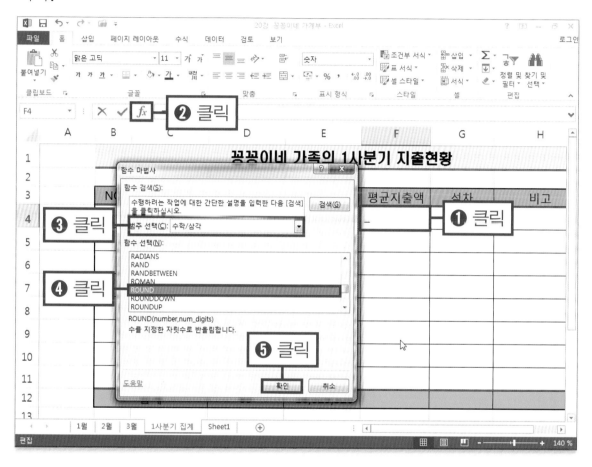

8 ...... ROUND 함수 인수로 [Number]에 'E4/D4', [Num_digits]에 '0'을 입력하고 [확인] 버튼을 클릭합니다.

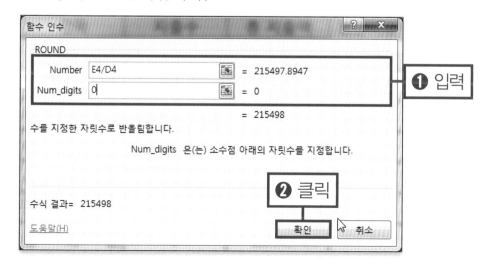

9 ROUND 함수로 정수자리까지만 결과가 나타난 것을 확인할 수 있습니다.

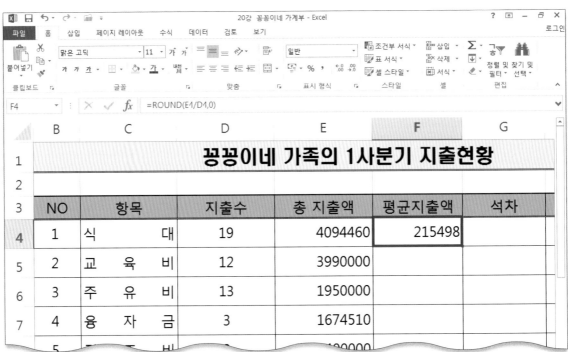

 ROUND 함수에서 소수점 이하 첫째 자리까지 결과 값을 구하고자 할 때는 [Num_digits]를 '1'로 지정하면 됩니다. 또 정수 일의 자리에서 반올림하길 원한다면 '-1'을 입력하면 됩니다.

10 [F4] 셀의 수식을 [F11] 셀까지 [자동 채우기 핸들]로 드래그하여 수식을 복사합니다. 정수자리까지만 결과가 나오는 '평균지출액'을 확인할 수 있습니다.

11 ···· 총 지출액의 크기를 비교하여서 항목들에게 석차를 부여하도록 하겠습니다. '1사분기 집계' 시트의 [G4] 셀 클릭, [함수마법사(*fx*)]를 클릭하여 [통계]에서 RANK.EQ 함수를 클릭하고 [확인] 버튼을 클릭합니다.

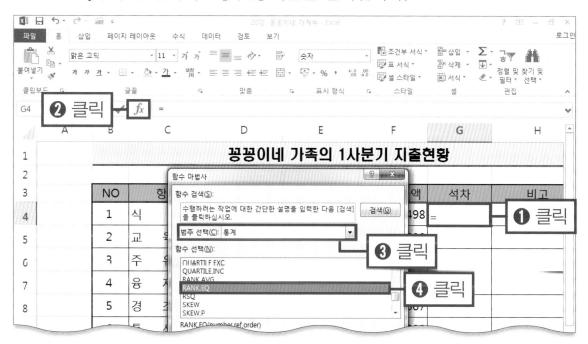

12 ···· RANK.EQ 함수의 인수로 [Number]에 'E4', [Ref]에 '$E$4:$E$11'을 입력하고 [확인] 버튼을 클릭합니다.

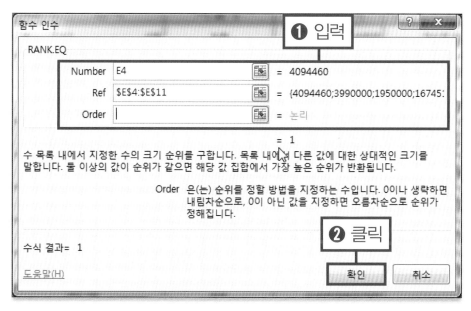

RANK.EQ 함수에서 Order 값이 '0' 또는 생략됨은 석차를 큰 값부터 부여하는 내림차순 석차를 의미합니다. 반대로 작은 값부터 부여되는 오름차순 석차는 Order 값을 '0'이 아닌 값을 입력하면 됩니다. 통상적으로 '1'을 입력합니다.

13 RANK.EQ 함수에 의해서 석차가 [G4] 셀에 구해진 것을 확인할 수 있습니다. [자동 채우기 핸들]로 수식을 [G11] 셀까지 복사합니다.

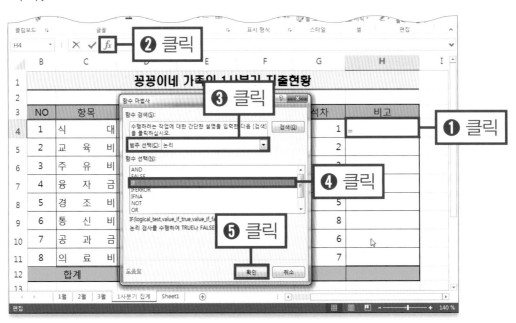

STEP 4 **IF 함수로 평균지출액 50만원 이상 항목 '과지출' 표시**

14 IF 함수는 조건을 묻는 함수입니다. '평균지출액'이 '50만원' 이상인 경우 '비고'에 '과지출'을 표시하도록 하겠습니다. '1사분기 집계' 시트의 [H4] 셀 클릭, [함수마법사(*fx*)] 클릭하여 [논리]에서 IF 함수를 클릭하고 [확인] 버튼을 클릭합니다.

15 IF 함수 인수로 Logical_test에 'F4>=500000', Value_if_true에 ' "과지출" ', [Vaue_if_false]에 ' "" '입력하고 [확인] 버튼을 클릭합니다.

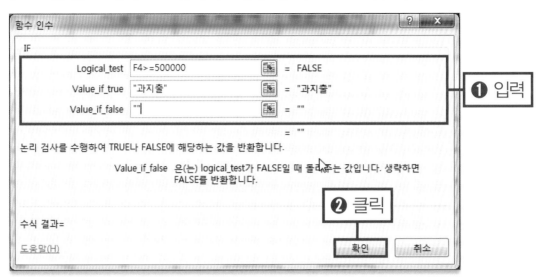

 엑셀에서 공백은 ""로 나타냅니다.

16 IF 함수에 의해서 [H4] 셀에 비고가 구해졌습니다. 단 [F4] 셀의 값이 '50만원' 이상이냐의 조건을 만족하지 않아 'Value_if_false' 값이 공백인 결과가 나타난 것입니다.

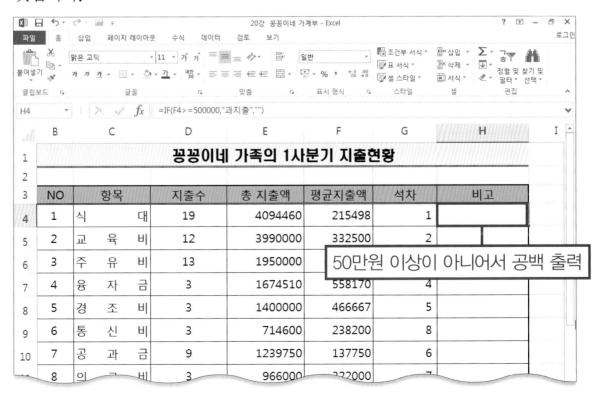

17 •••• 비고([H4])를 구한 수식을 [H11] 셀까지 [자동 채우기 핸들]로 드래그하여 수식을 복사합니다. '평균지출액'이 '50만원' 이상인 항목은 '융자금'뿐인 것을 확인할 수 있습니다.

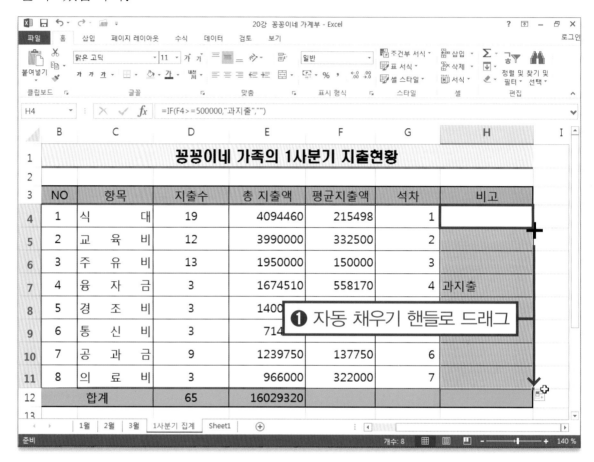

IF 함수에 2개 이상의 조건이 오는 경우에는 AND 또는 OR 함수를 사용해서 조건을 작성해야 합니다. AND 함수는 복수의 조건을 다 만족해야 하는 경우, OR 함수는 복수 조건 중 한 개만이라도 만족하면 되는 경우 사용합니다. 예를 들어, '총지출액'이 '100만원' 이상이고 '평균지출액'이 '30만원' 이상이면 '비고'에 '과지출'을 표시하려고 합니다.

① [I4] 셀을 클릭, [함수마법사]를 클릭하여 [논리]에서 IF 함수를 클릭하고 [확인] 버튼을 클릭합니다.

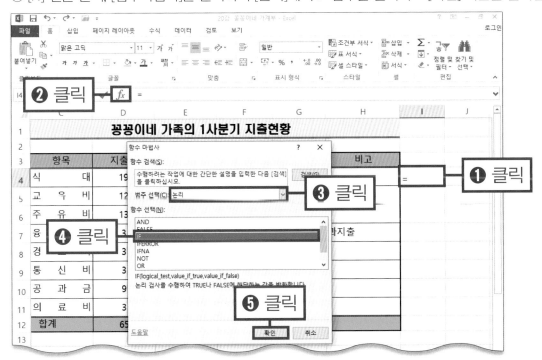

② IF 함수의 Logical_test에 AND 함수를 추가하기 위해 그림과 같이 '함수 추가' 버튼을 클릭하여 [논리]에서 AND 함수를 클릭합니다.

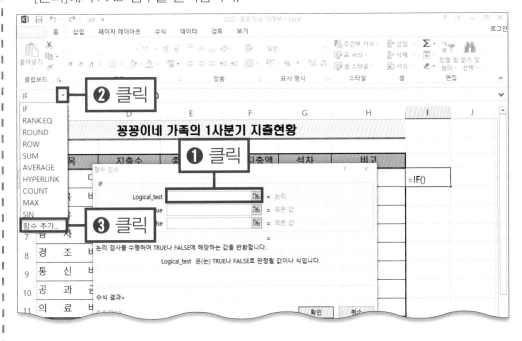

③ 함수 대화상자가 AND 함수 인수입력란으로 바뀐 것을 확인 할 수 있습니다. 화면과 같이 Logical1번과 Logical2번에 조건을 입력한 후 [수식 입력줄]에 사용 중인 'IF'를 클릭하여 IF 함수의 대화상자로 빠져 나갑니다.

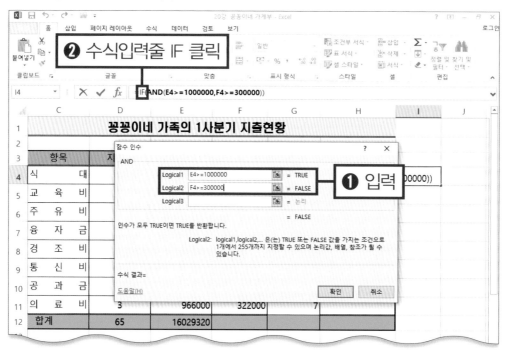

④ IF 함수 대화상자에서 Value_if_true 값과 Value_if_false 값을 입력하고 [확인] 버튼을 클릭합니다.

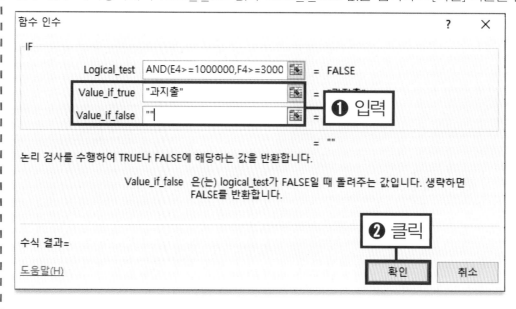

조금 더 배우기

⑥ [I4] 셀은 조건을 만족하지 않아서 공백이 나오게 됩니다. [I4] 셀의 수식을 [자동 채우기 핸들]로 [I11]까지 드래그 하여 수식을 복사하면 '과지출' 항목이 3개가 나타나는 것을 확인할 수 있습니다.

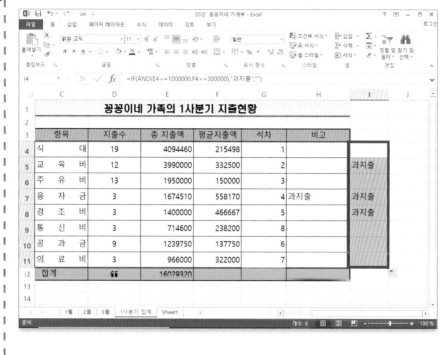

STEP 5 · 데이터 막대로 총 지출액의 크기 비교하기

18 ···· 조건부 서식에서 '데이터 막대'로 '총 지출액'의 크기를 비교해 보겠습니다. '총지출액 [E4:E11]'을 드래그한 후 [홈] 탭-[스타일] 그룹-[조건부 서식]을 클릭하여 [데이터 막대]에서 [그라데이션 채우기]의 '파랑 데이터 막대'를 클릭합니다.

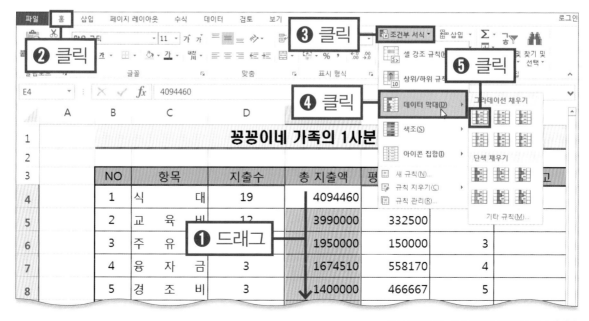

19 '총 지출액[E4:E11]' 셀에 '데이터 막대'가 표시되어 값의 크기를 쉽게 확인할 수 있습니다.

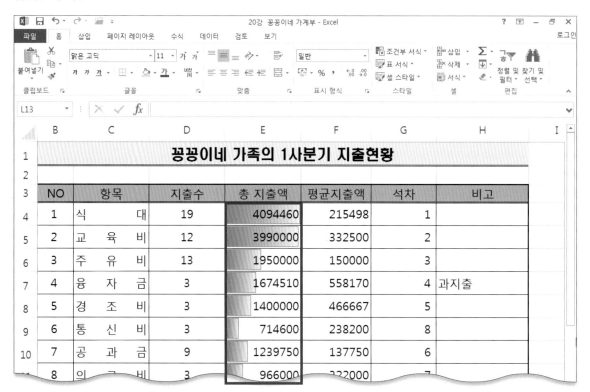

20 '데이터 막대'를 삭제하려면 [홈] 탭-[스타일] 그룹-[조건부 서식]-[규칙 지우기]에서 [선택한 셀의 규칙 지우기]를 클릭합니다.

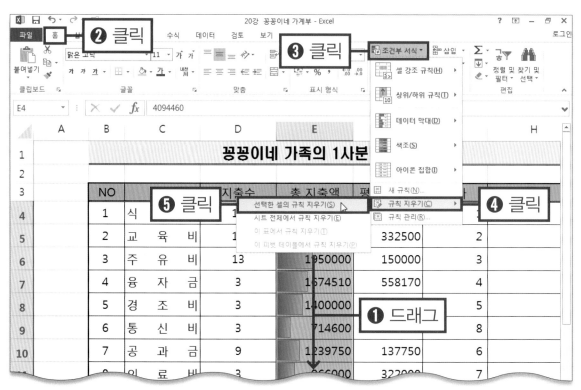

21 '총 지출액[E4:E11]' 셀에 데이터 막대가 삭제된 것을 확인할 수 있습니다.

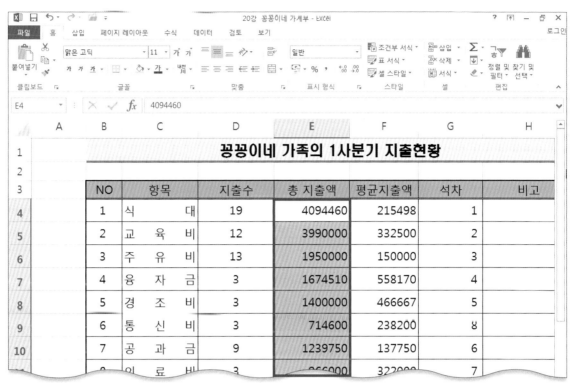

STEP 6 '평균지출액'의 평균보다 큰 값만 조건부서식 지정하기

22 '평균지출액[F4:F11]' 셀을 드래그, [홈] 탭-[스타일] 그룹-[조건부 서식]에서 [상위/하위 규칙]을 클릭하여 [평균 초과]를 클릭합니다.

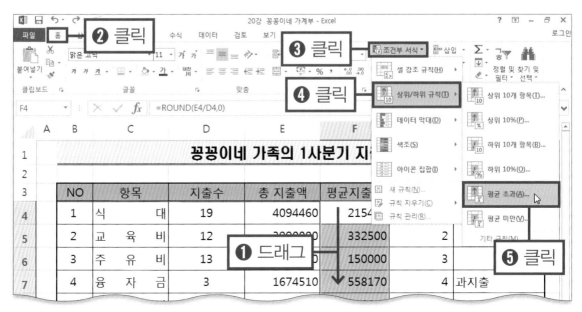

23 [평균 초과] 대화상자가 지원하는 서식을 그대로 두고 [확인] 버튼을 클릭합니다.

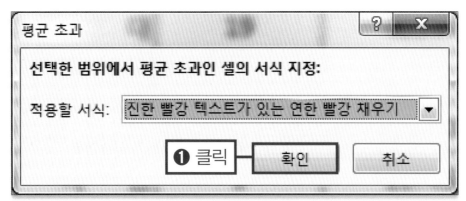

 [적용할 서식]에서 [사용자 지정 서식]을 클릭하면 서식을 다양하게 지정할 수 있습니다.

24 평균보다 큰 값에 서식이 지정된 것을 확인할 수 있습니다.

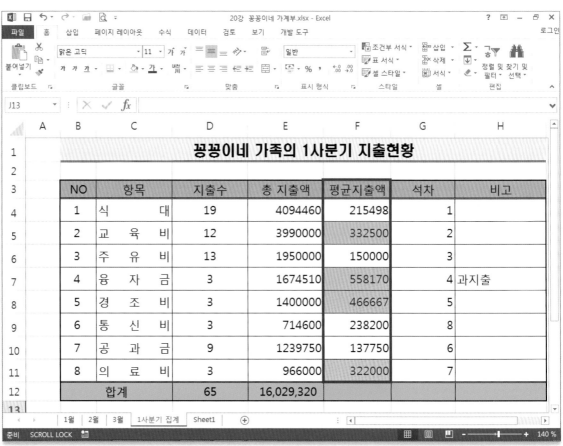

과지출 데이터 행 전체 색채우기

25 ''''' '과지출' 데이터 값을 가지고 있는 행 전체 색상을 변경하도록 조건부 서식을 지정하겠습니다. [B4:H11]을 드래그, [홈] 탭-[스타일] 그룹-[조건부 서식]에서 [새 규칙]을 클릭합니다.

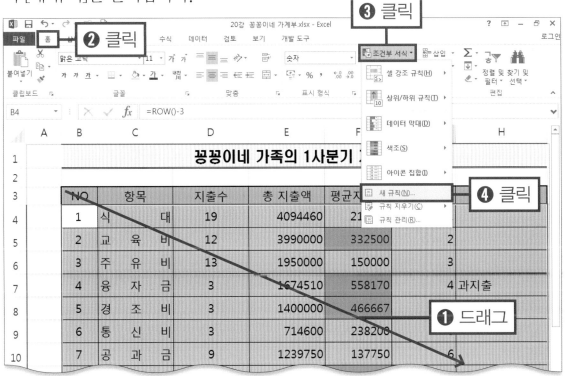

26 ''''' [새 서식 규칙] 대화상자에서 [수식을 사용하여 서식을 지정할 셀 결정]을 클릭한 후 그림과 같이 수식 '=$H4="과지출" '을 입력 한 후 [서식] 버튼을 클릭합니다.

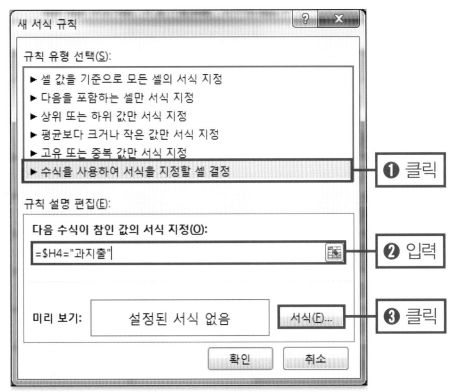

27 [셀 서식] 대화상자에서 [채우기] 탭을 클릭하여 원하는 색상을 클릭한 후 [확인] 버튼을 클릭합니다. [새 서식 규칙] 대화상자도 [확인] 버튼을 클릭합니다.

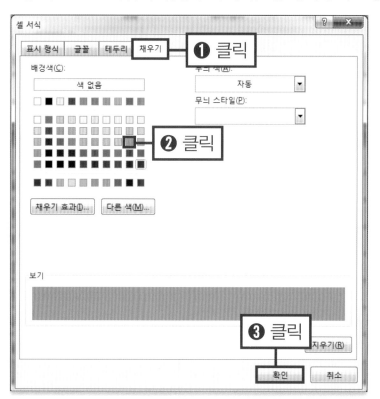

28 아래 화면과 같이 비고 항목이 '과지출'인 행만 채우기 색이 적용된 것을 확인할 수 있습니다.

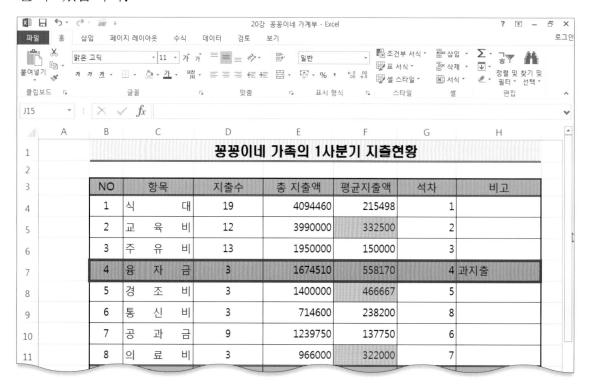

29 [예제 파일] 폴더에 [20강 별빛 친구 연락처.xlsx]를 불러옵니다. [데이터 유효성 검사]로 데이터 입력을 제한 하겠습니다. '연락처' 시트의 '성별[D6:D20]' 항목을 드래그한 후 [데이터] 탭-[데이터 도구] 그룹-[데이터 유효성 검사]를 클릭합니다.

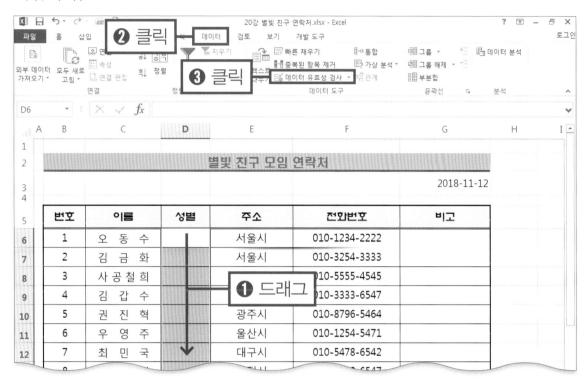

30 [데이터 유효성] 대화상자에서 [설정] 탭의 [제한 대상] 값을 '목록', [원본] 값을 그림과 같이 '남, 여'로 입력합니다.

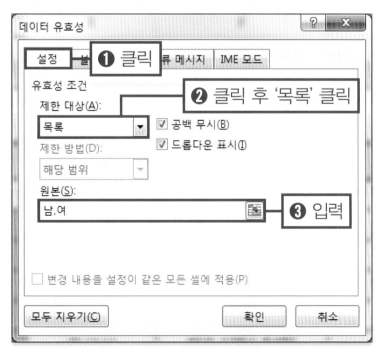

31 [데이터 유효성] 대화상자에서 [설명 메시지] 탭을 클릭, [설명 메시지] 내용에 그림과 같이 ''남' 또는 '여'로 입력하세요'를 입력하고 [확인] 버튼을 클릭합니다.

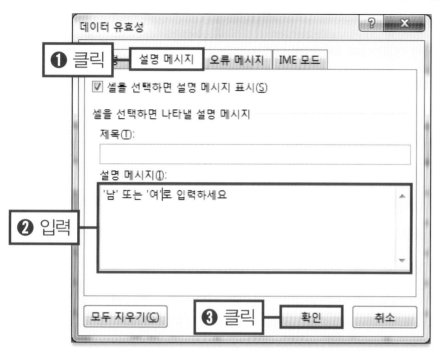

32 '성별' 항목에 [데이터 유효성 검사] 메시지가 나타나는 것을 확인할 수 있습니다.

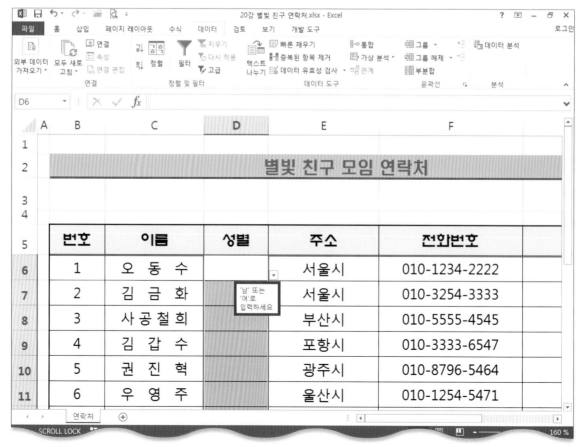

33 ····· '성별' 항목 [D6] 셀에 '남자'를 입력하고 Enter↵를 누르면 '입력한 값이 잘못되었습니다.'라는 메시지 창이 나타납니다. '다시 시도'를 클릭하여 [D6] 셀에 '남'을 입력하고 Enter↵를 누릅니다.

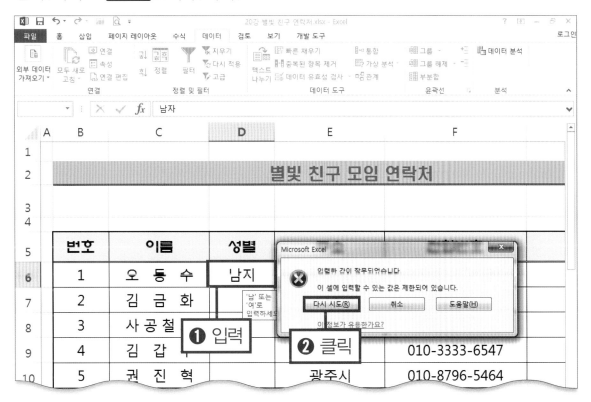

34 ····· '성별' 항목 [D6] 셀에 '남'이 입력된 것을 확인할 수 있습니다.

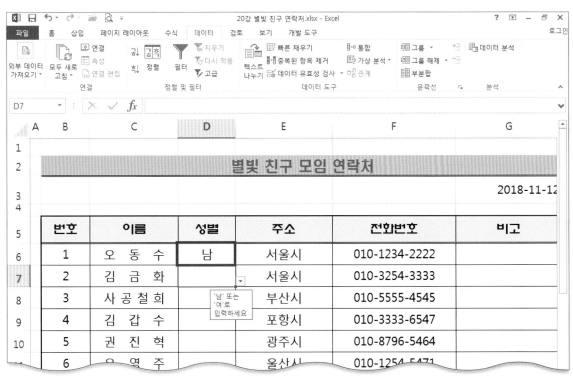

혼자서도 만들 수 있어요!

1 '예제 파일/20강 별빛 친구 연락처.xlsx' 파일의 '연락처' 시트에 [C]열에 새로운 열을 삽입하여 [C5] 셀에 문자데이터 '기수'를 입력하세요.

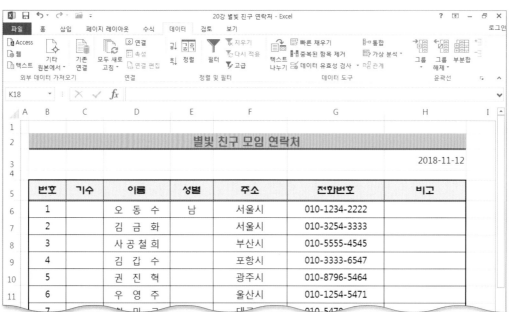

HINT [C] 열머리글을 클릭, [마우스 오른쪽 버튼] 클릭한 후 [삽입] 클릭

2 [데이터 유효성 검사]를 이용하여 [C6:C20]까지 '19기, 20기'목록만 입력되도록 유효성 설정을 지정하세요.

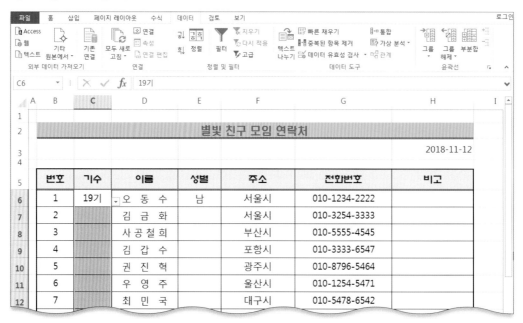

HINT [데이터] 탭─[데이터 도구] 그룹─[데이터 유효성 검사], [설정] 탭에 제한 대상을 [목록]으로 설정, [원본]에 '19기'와 '20기' 입력

쓱 하고 싹 배우는
엑셀 2013

1판 1쇄 발행 2019년 9월 9일

저　　자 | 최옥주
발 행 인 | 김길수
발 행 처 | ㈜영진닷컴
주　　소 | 서울특별시 금천구 가산디지털2로 123 월드메르디앙벤처센터 2차
　　　　　　 10층 1016호
등　　록 | 2007. 4. 27. 제16-4189호

ⓒ2019. ㈜영진닷컴

ISBN 978-89-314-6147-3